LIBRO BEISBOL Y SOFTBOL VERSION DIGITAL.
ACTUALIZADO SEPT 2025

ISBN: 978-9945-648-47-8

https://orcid.org/0009-0002-2709-4345

INSTRUMENTOS DE MEDICION Y COMUNICACION EN EL BEISBOL Y SOFTBOL

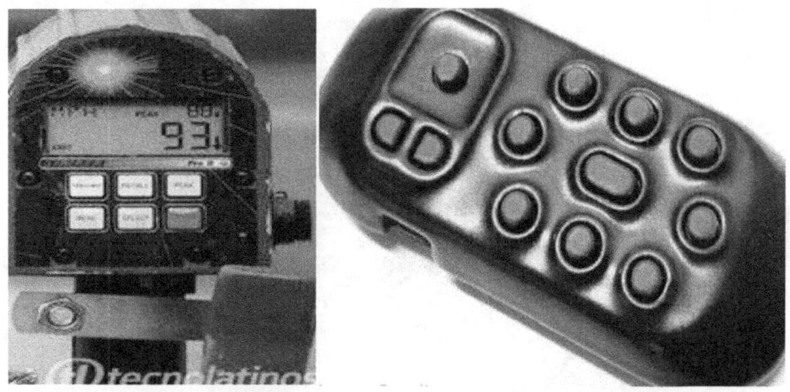

Radar para medir velocidad lanzamientos   Pichtcom comunicación en el terreno

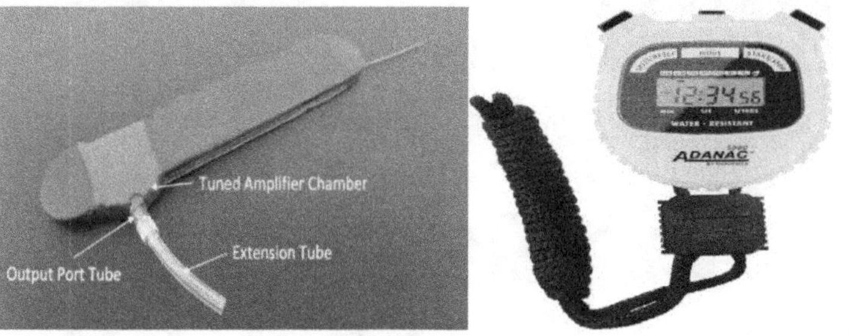

Pichtcom para la gorra jugadores   Cronometro medir velocidad piernas

JUAN SOTO, CONTRATO MAS GRANDE MLB METS 2025

EJEMPLO DE TRABAJO Y EDUCACION, GEMELOS ALMANZAR RD

Béisbol y softball

Víctor Soto

Contenido

Introducción

El material sobre béisbol y softbol que se presenta en este libro de texto para la enseñanza y aprendizaje en el nivel básico y universitario, recoge los fundamentos históricos y teóricos del béisbol y softbol en la República Dominicana, así como algunos hechos que han trascendido en esas dos disciplinas en diversos países, donde se practican como recreación y deporte nacional o profesional. El contenido está preparado para adquirir conocimientos científicos sobre ambas disciplinas y para impartirse de forma virtual y presencial en el terreno y aulas, por lo que el mismo contiene un formato de fácil adaptación a las horas sincrónicas y asincrónicas por parte del profesor y los estudiantes.

Se investigan diferentes autores y páginas en la red para enriquecer los contenidos, para que los estudiantes y aficionados puedan hacer conexión con el pasatiempo preferido de muchos países. Está dividido en capítulos y subtemas, los cuales se irán desarrollando de acuerdo al índice programado en el mismo. Después de cada capítulo, se realizan evaluaciones mediante preguntas tipo test, tareas de aplicación en la vida real, foros, estudios de casos, cuestionarios de selección múltiple, gamificación usando Quizz, Kahoo, Drive y otras herramientas que se encuentran en espacios virtuales para la evaluación de lo aprendido después de cada capítulo.

Al final del contenido de béisbol, hay un examen del capítulo que concluye, y un examen general con la evaluación correspondiente a un

100% de la evaluación total, de igual manera, en el material de softbol, al final de cada capítulo tiene una evaluación independiente por si el profesor quiere impartir solamente softbol, contiene un manual de cómo desarrollar las habilidades de un practicante del deporte del bate y la pelota.

OBJETIVOS

1- Lograr que el lector o estudiante, mediante este contenido y el uso de tecnologías, aprenda cómo enseñar el béisbol en niveles medios y superiores (Escuelas, Colegios, Clubes, Ligas y Universidades).

2- El lector o estudiante, al finalizar el curso, estará en capacidad de hacer una presentación de la historia del béisbol, y cómo se juegan estas disciplinas mediante presentaciones proyectadas y videos comentados.

3- El lector o estudiante podrá ser competente en cuanto al uso de las TIC, en cualquier escenario donde se aborden estos deportes.

Conceptuales

- Reglas oficiales del béisbol y softbol.

- Recursos técnicos: lanzamientos, recepciones (Elevados y Rodados), bateo (Swing), deslizamiento y relevo; aplicación teórico-práctica.

- Recursos tácticos: ocupar racionalmente el espacio (in-outfield), dirigir el swing, formas de eliminar; aplicación teórico-práctica.

- Diferencias y similitudes con otros deportes colectivos como el cricket.

- Cumplimiento de las normas y reglas del juego a pesar del resultado: "Tolerancia y respeto entre alumnos y alumnos-profesor".

- Ocio activo versus pasivo.

Procedimentales

- Práctica de las técnicas de juego fundamentales.

    - Aparar y lanzar (relevos, rodados y elevados).

- Bateo controlado a zonas determinadas con diferentes implementos.

- Diferentes tipos de lanzamiento: rápido, en curva, lento.

- Aplicación de las principales acciones tácticas.

- Batazos en las líneas, movimiento de la defensa.

- Doubleplay.

- Robo de bases.

Actitudinales

- Cumplimiento de las reglas del juego con independencia del resultado.

- Aceptación del nivel propio de ejecución.

- Control de la agresividad en las acciones.

- Participación activa en las diferentes actividades.

RESUMEN

Esta es una obra escrita atendiendo las necesidades del profesorado, profesionales y técnicos que aman y enseñan el béisbol y softbol. Resume los fundamentos históricos y técnicos de las disciplinas investigadas citando expertos que han publicado obras anteriores y haciendo parafraseo de algunos para reforzar los capítulos. Se introducen tablas, fichas, fotos y otras creadas por el autor y citas apropiadas para el entendimiento.

Su contenido presenta un formato tipo texto, con evaluaciones por capítulo y general, para ser usado como libro en los niveles del sistema escolar básico y universitario para las instituciones académicas que imparten el béisbol como manifestación de la educación física, y para los grupos que funcionan como ligas, clubes y programas de béisbol.

La descripción de fundamentos técnicos y tácticos para la formación de prospectos convierten a esta obra en un manual para aquellos que deseen iniciarse como técnicos y desarrolladores de futuros jugadores profesionales o candidatos a obtener becas de estudios en las diferentes universidades de Estados Unidos, otros países y las locales, las cuales pertenecen en su mayoría a la LBU (Liga de Béisbol Universitaria) fundada en el 2022 por el Comisionado de Béisbol Dominicano y el Ministerio de Deportes.

ABSTRACT

This is a written work meeting the needs of teachers, coaches and professionals who are dedicated to living from these 2 sports as a profession or recreation. Summarizes procedures used for the training in competitions of young people who love baseball and softball, this last sport in recent years has taken an incredible boom in the young population in the Dominican Republic and countries where before it was only limited to the practice of adults.

Its content contains a text-type format with evaluations by chapter and general to be used as a book at the basic and university system levels for academic institutions that teach baseball as a manifestation of physical education and for groups that function as leagues, clubs and baseball programs.

The description of the technical and tactical foundations for the formation of prospects make this work a manual for those who wish to start as technicians and developers of future professional players or candidates for scholarships at different universities in the United States, other countries and local ones which mostly belong to the LBU (University Baseball League) founded in 2022 by the Dominican Baseball Commissioner and the Ministry of Sports.

Capítulo 1. Béisbol

Palabras claves: Historia del beisbol ayer y hoy, Estadísticas nueva generación, Shohei Ohtani, Juan Soto, Caña de azúcar, Estadio Quisqueya y La Normal.

1.1. Fundamentos históricos del béisbol.

"El contrato que otorgaron los Los Angeles Dodgers al japonés Shohei Ohtani (700 millones de dólares por 10 años) superó por cerca de $300 millones el récord anterior de las Grandes Ligas (MLB), por lo que es muy probable que pase mucho tiempo antes que sea superado".

El béisbol, en estos tiempos en los que se habla de Inteligencia Artificial (IA) y las famosas estadísticas de nueva generación llamadas Sabermetrías, queda demostrado que es un deporte complejo y difícil de predecir, aún con la utilización de esas herramientas tecnológicas que mantienen nerviosos a los que se dedican al negocio del béisbol profesional, dada la cantidad de recursos que mueve por la publicidad, entradas, apuestas y otros.

"Juan Soto se unirá a grandes estrellas dominicanas que han jugado con los Yankees". https://www.espn.com.ar/beisbol/nota/_/id/12965086/juan-soto-alex-rodriguez-robinson-cano-dominicanos-new-york-yankees-mlb

En un artículo sobre el béisbol titulado "Predicción de resultados de béisbol mediante técnicas de inteligencia artificial" del autor Basabe López, J. (2021), resultado de una investigación y prueba de cómo predecir con mayor exactitud los resultados de este deporte tomando como referencia o base de datos 10 años de datos de los partidos celebrados en MLB en el periodo comprendido entre 2010 y 2019, descubrieron que aún usando metodologías de expertos en otros deportes que habían tenido resultado, era difícil determinar o tener exactitud en el resultado del juego.

Se demostró que a medida que se utilizan más tecnologías y se introducen más datos a los equipos que analizan resultados, más se alejaban de la realidad. A continuación, citamos la conclusión a que llegó el autor:

"El mejor de los modelos que hemos probado ha sido capaz de predecir un 58.05% de los partidos de test correctamente, por encima de los modelos triviales y con resultados comparables al resto de estudios consultados. Como norma general, los modelos basados en la clasificación producen resultados ligeramente superiores a los de regresión. A pesar de ello, obtenemos el mejor accuracy mediante AdaBoost en regresión. La temporalidad de los datos utilizados es de gran importancia. Como hemos podido comprobar, se consigue una mejora consistente al incrementar la cantidad de partidos que engloban las variables".

Con todas las TIC (Tecnologías de la Información y Comunicaciones) que se puedan encontrar, este deporte seguirá siendo uno de los más interesantes, por la complejidad que encierra y la formación que, en base a la disciplina que exige, puede crear seres humanos sanos, inteligentes, por las competencias académicas que hay que desarrollar durante la trayectoria que va desde el béisbol recreativo al profesional.

Se debe retroceder mucho en el tiempo, según los historiadores, para localizar el origen de los juegos con pelotas. Se les atribuye su comienzo a los habitantes de Lidia, antigua Meonia, una región que se encontraba en la parte occidental de Asia Menor, la cual era bordeada en una de sus partes por el mar Egeo. También en el canto VII de la Odisea se menciona a la reina Nausica, quien jugara a la pelota con sus doncellas a orillas del mar. Tanto los griegos como los romanos se ajustaban a las recomendaciones que dictaban los médicos de efectuar juegos con pelotas, por resultar un ejercicio eficaz para la salud.

Galeno, destacado médico, era una de los que recomendaba dicha práctica. Necenas, Plinio, Horacio, y muchos otros, mencionaban los juegos con pelotas. De manera que se utilizaba estos juegos de entrenamiento o ritos religiosos en todos los tiempos, principalmente en la época de las cosechas, en los márgenes del Río Nilo. Son el appraxis y elepiskyros, de los cuales se deriva con posterioridad el Cricket, el Tenis y otros, considerados por muchos los más antiguos del continente. De Chichen Itzá, ubicados en la península de Yucatán, y los Mayas en las selvas de Copán, lugar fronterizo entre Honduras y Guatemala, practicaban un juego en el cual se tenía que trasladar la pelota de un lado a otro del terreno, pegándole con la cabeza o con cualquier parte del cuerpo, al cual le llamaban Copey, el mismo se asemejaba mucho al juego que los indios de Cuba practicaban, cuya diferencia era que la pelota, concesionada con resina de los árboles, era golpeada por el piso hasta llevarla a una portería, era como una mezcla de béisbol y balón pie, pero que lo bautizaron como Batos.

No se ha podido verificar con certeza el origen del béisbol en Estados Unidos, pero muchos coinciden en plantear que los juegos ingleses Rounders y Cricket, introducidos por los colonizadores británicos alrededor del año 1751, fueron predecesores que, por su evolución, hacen posible lo que se conoce en la actualidad como béisbol.

Para esa época, estos colonizadores dedicaban la mayor parte del tiempo a cultivar la tierra, la construcción y otros deberes, por lo que no tenían suficiente tiempo para la práctica de deportes, y el poco tiempo del que disponían lo utilizaban en efectuar partidos de cricket con medios traídos de Inglaterra. A la par, los niños se dedicaban a jugar al rounders, propio de menores.

De modo que, a través de la siguiente cronología, se podrá exponer el número de jugadores que participaban con las primeras reglas, las medidas de los terrenos donde se jugaba béisbol, los implementos que se utilizaban, la modificación de las reglas, entre otros aspectos:

1800 a 1834-EE.UU.

Los niños norteamericanos, usando pelotas viejas de cricket y bates desechados, jugaban un juego que se convertiría posteriormente en el juego de béisbol. El mismo consistía en batear una pelota lanzada y realizar un recorrido de ida y vuelta, tocando las estacas encajadas en el terreno colocadas detrás del bateador y el lanzador.

Según fue aumentando el número de jugadores, se aumentó el número de estacas. Se retiraba al bateador cuando después de que, bateada la pelota, se golpeara a este antes de completar su recorrido por el tiro del fildeador.

1835 a 1840-EE.UU.

En este tiempo, en los sitios designados como estaciones, fueron reemplazadas las estacas por piedras planas; se desechan las piedras por las caídas de los corredores, apareciendo los sacos llenos de arena. Ya el objetivo del corredor no era tocar la estaca, sino pisar la base, por lo que pudiera haber surgido el nombre de béisbol en esta etapa.

Las almohadillas son amarradas con una soga a una estaca, para que los jugadores que se encontraban a la defensiva no la desviaran cuando el corredor efectuaba el recorrido.

Se diseña el primer diagrama de béisbol, donde quedan delineadas las áreas del cuadro y los jardines. Esto se produce ya que las reglas son discutidas por los principales de cada equipo, y por la gran cantidad de jugadores se hacía muy difícil que los corredores no fueran puestos out.

En el diagrama, el lanzador se encontraba a una distancia de 10.676 m. de la caja de bateo, había cuatro bases: primera, segunda, tercera y cuarta.

La carrera se anotaba cuando el corredor cruzaba la cuarta base, situada en la parte izquierda de lo que hoy en día es el home. El equipo estaba compuesto por 12 jugadores: lanzador, receptor, asistente detrás del receptor, cuatro jugadores de cuadro y uno flotante, tres jardineros y uno flotante.

1.2. Béisbol: definición

El béisbol es un deporte que se juega entre dos grupos de 9 a 10 jugadores, y consiste en batear una pelota por un campo o terreno de césped natural o artificial, al batear la pelota el ejecutor se desplaza por el área entre bases ubicadas en forma de diamante, a una distancia de 90 pies para profesionales y 60 para no profesionales, los jugadores que están a la defensiva tratarán de ponerlo fuera, el equipo que más veces logre cruzar el home plate o 4ta. base en 9 oportunidades a la ofensiva, es el ganador.

El equipo que anote más carreras al cabo de los nueve (9) episodios, llamados "innings", que dura el encuentro, es el que resulta ganador. Si al término de los nueve innings regulares persiste un marcador igualado en carreras, el encuentro se extiende cuanto sea necesario para que haya un ganador. Según las reglas básicas del juego no existe el empate, permitido solo en ligas amateurs e infantiles para limitar el desgaste de los jugadores.

A diferencia de otros deportes que se juegan con pelota, tales como el fútbol, al que también se le conoce como balompié, o el baloncesto, conocido también como básquetbol; a pesar de que "béisbol" podría traducirse al español, la costumbre del uso de su forma de raíz inglesa podría dar la sensación de un nombre fonéticamente extraño: la traducción tendría que ser pelota-base o bola-base, aunque en algunos países de habla hispana se le acostumbra denominar coloquialmente como el juego de pelota, o sencillamente "pelota".

Las primeras reglas del béisbol fueron redactadas por Alexander Cartwright en 1845, conocidas como las Knickerbocker Rules, por ser las aplicadas por el equipo Knickerbockers, el primer conjunto de béisbol organizado por este que se estableció y evolucionó la forma moderna del juego.

El béisbol evolucionó de juegos como el cricket y el denominado "batos", este deporte fue tomando forma a medida que se incrementaba la cantidad de personas que lo practicaba, y sus modificaciones se deben a la variedad de fundamentos que puede generar el mismo. El béisbol es una manifestación de la educación física, y engloba una serie de fundamentos que pueden transformar la conducta y el físico de los que lo practican, cuando se dedican a jugarlo para lograr metas, como la de ser selección de la escuela, universidad, su comunidad, o más bien a llegar a jugarlo como profesional.

Este deporte puede obsesionar a quien lo pueda entender y jugar como juego recreativo; esta obsesión, según observamos en los que lo practican, puede catapultar al obsesionado hasta lograr desarrollar su potencial al máximo, y ser un jugador de élite con grandes entradas económicas si se dedica a jugarlo como carrera.

El béisbol fue sacado de los Juegos Olímpicos en el 2012, y de nuevo se incluyó para el 2022, después de una dura batalla de las organizaciones que contemplan este deporte en su programa anual de eventos, tanto del béisbol profesional como los que organizan ligas.

Efectivamente, para el 2022 se jugó béisbol y softbol, aunque en este último solo en la versión femenina, los países del Caribe como República Dominicana, Cuba, Puerto Rico, Venezuela, México, producen una gran cantidad de profesionales que militan en las ligas organizadas, incluyendo las de su país y la de Estados Unidos, Japón, China, etc. Cada 4 años se celebra un Clásico Mundial, y la República Dominicana ha demostrado un gran dominio en este evento en varias jornadas, quedando evidenciado el porqué se le denomina la tierra de beisbolistas, frente a equipos de países poderosos como son Estados Unidos, Japón, Puerto Rico, Venezuela, Cuba, etc. Este es considerado en muchos países como uno de los pasatiempos favoritos y un medio generador de empleos y divisas en las economías de mucha importancia.

1.3. Introducción del béisbol en República Dominicana

Según los registros encontrados sobre el formato profesional que se le dio al béisbol en la República Dominicana, que ya existía en Cuba, México y Estados Unidos, se debió a la construcción de grandes ingenios en el país, y con el proceso de la siembra de la caña de azúcar en la Española en 1866.

Para esa época los cubanos Ignacio y Ubaldo Alomá, hermanos, huyendo de una guerra en su país de casi 10 años, decidieron participar en la instalación de los ingenios azucareros en el país, y los fines de semana, en solares próximos a Obras Públicas, en lo que era el parque Eugenio María de Hostos, hasta hace unos años en el malecón cercano a la ciudad colonial (centro de la ciudad de Santo Domingo) celebraban juegos que luego dieron paso a la formación de los equipos Ozama y Cauto, en honor a los ríos de ambos países. Para 1880 quedaron formados 4 equipos, uno que representaba a San Pedro de Macorís, un segundo equipo que representaba la Capital, el tercer equipo representaba la Vega y el último y cuarto equipo representaba a Santiago.

La formación de estos 4 equipos coincide con la salida de los hermanos Alomá del país con rumbo a su tierra natal Cuba.

1.4. Introducción del béisbol en Estados Unidos

La introducción del béisbol en los Estados Unidos se le atribuye a Abner Doubleday en 1839; nacido el 26 de junio del 1819, murió el 26 enero del 1893. General estadounidense miembro del Ejército de la Unión, se cree que este fue el que inició esta disciplina. Aunque hay escritos que dudan de que este tuviera que ver con la práctica de este deporte, como cita el siguiente párrafo existente en Wikipedia. Su mayor fama, sin embargo, se debe a que algunas fuentes le dan crédito por ser el inventor del juego del béisbol, aunque él jamás hizo esta reclamación. No existe una sola evidencia de que Doubleday hubiera inventado, practicado y ni siquiera conocido el béisbol.

También los mexicanos escriben sobre el paso de este general por su país cuando era joven, y dudan de que este fuera el inventor de este deporte, lo conocieron cuando combatió como soldado en Monterrey en la guerra de México y Estados Unidos. Lo que sí sabemos, fuera este o no vinculado con su creación, es que hoy en día es uno de los negocios más rentables de Estados Unidos y otros continentes.

Estadios de béisbol en República Dominicana

En los programas de construcción del estado se contempla la construcción de estadios de béisbol y otras instalaciones en la Capital y las provincias del país, en coordinación con el Ministerio de Deportes, aunque la cantidad de jugadores que produce el país no se corresponde con la cantidad de estadios construidos, se debe a que en cualquier solar la población puede improvisar un campo de este tipo para jugar.

Para el béisbol profesional o pagado, en la República Dominicana se construyó, en la capital, el Estadio La Normal en el mes de Agosto de 1846, por el cual desfilaron grandes beisbolistas que tuvieron renombre en el béisbol de Estados Unidos y otros países que ya tenían un béisbol más desarrollado.

Este estadio está situado en la parte norte de la ciudad, limitado por la avenida Duarte, avenida 17 y Cuerpo de Bomberos por el este, avenida 5to Centenario y Villa Consuelo por el oeste, el barrio Capotillo y Villa Juana por el norte, y por la parte sur el liceo Juan Pablo Duarte y la zona comercial de Villa María y la José Martí hasta la avenida 27 de Febrero. En estos momentos funciona allí la sede de la Federación Dominicana de Béisbol, organismo que se encarga de organizar el béisbol Panamericano y Olímpico del país. Este estadio ha sido objeto de reclamos de la sociedad por el deterioro en que este se encuentra, a pesar de las ligas y programas que allí hacen con el deporte marca país de los dominicanos.

Buscando en la web, nos encontramos con el siguiente artículo del periodista Héctor García, quien pide que se intervenga este monumento al béisbol, por la historia que alberga, y ser lugar de esparcimiento de muchos jóvenes que están rodeados de sectores con altos índices de drogadicción y delincuencia:

> *"Mostrando un rostro envejeciente, como sucede en muchos adultos mayores, es notable cómo los años le están pasando sin pena ni gloria al vetusto estadio La Normal, símbolo del béisbol dominicano.*
>
> *La Normal, inaugurado un sábado 24 de agosto de 1946, fue la primera casa oficial de la pelota profesional de la República Dominicana".*
>
> *https://momentodeportivord.com/ estadio-la-normal-un-olvidado-simbolo-del-béisbol-dominicano/*

Estadio Quisqueya

Construido en 1955, en la era del tirano Rafael Leónidas Trujillo, es la sede de la Liga de Béisbol Dominicano, donde funcionan sus oficinas, y es la casa de los 2 equipos de béisbol profesional de la Capital, los cuales participan en el torneo otoño invernal que se celebra en el país en el periodo octubre-enero. Los Leones del Escogido y Los Tigres del Licey, equipos profesionales, se disputan el espacio donde también se celebran eventos artísticos y torneos como la Serie del Caribe y los Juegos del Círculo Militar del país.

El Estadio Quisqueya fue bautizado como Estadio Juan Marichal en honor al primer Salón de la Fama de República Dominicana en 1983, quien luego de firmar como miembro del círculo militar y jugar en Estados Unidos, se ha mantenido promoviendo este deporte en el país. Juan Marichal vio acción en ese estadio, al igual que muchos otros beisbolistas de República Dominicana que son miembros de los diferentes equipos profesionales que existen en el país, y han hecho y siguen haciendo historia en otros países.

Existen otros estadios en el interior del país donde se juega béisbol profesional, que pertenecen a la liga de béisbol que administra LIDOM. En San Francisco de Macorís están los Gigantes del Cibao, que juegan en el estadio Julián Javier, ex pelotero profesional de una gran trayectoria, construido por el estado; en San Pedro funciona el estadio Tetelo Vargas en honor a ese gran jugador de béisbol; en Santiago está el estadio Cibao, donde juegan las Águilas Cibaeñas. En La Romana existe el único estadio privado de un equipo profesional construido por el Central Romana, consorcio empresarial del país, y a continuación te presentamos un extracto de su historia según la página de la LIDOM:

https://www.diariolibre.com/deportes/blogs/brv/de-donde-salio-el-dinero-del-micheli-FO28625624

"El 18 de noviembre de 1979 comenzó la historia de uno de los inmuebles que por más de 40 años ha fungido como referente de la Liga de Béisbol Profesional de la República Dominicana (LIDOM), el Estadio Francisco A. Micheli. La ahora casa de los Toros del Este fue inaugurada en presencia del Presidente Antonio Guzmán,Fernández, inicialmente bajo el nombre de Estadio Romana por su ubicación en La Romana, República Dominicana."

Fue el mismo año de su inauguración cuando el huracán David y la tormenta Federico azotaron el territorio dominicano, inhabilitando el Estadio Tetelo Vargas debido a las condiciones en las que quedó. Ante esto, las Estrellas Orientales tuvieron que mudarse provisionalmente al inmueble recién construido, celebrando el primer juego en la historia de este ante los Tigres del Licey, mismo que finalizó por pizarra de 4-2.

Primeros beisbolistas profesionales dominicanos

Osvaldo Virgil fue quien abrió las puertas del béisbol profesional en Norteamérica, debutó el 23 de septiembre del 1956 en el Polo Grounds de New York. Jugando todas las posiciones, menos de lanzador, Virgil bateó .231 con 14 jonrones y 73 carreras remolcadas en nueve temporadas con Nueva York, Detroit, Kansas City, Baltimore, Pittsburgh y San

Francisco. En 1958 fue el primer negro que jugó con los Tigres de Detroit, el último equipo en romper la barrera racial. En su debut con los Tigres bateó de 5-5.

Él comenzó una nueva carrera como coach de los Gigantes en 1969, fue el asistente de tercera base de Dick Williams en San Diego por largo tiempo y luego estuvo con Williams en Montreal y Seattle. Pero no fueron sus condiciones atléticas o capacidad como estratega las que convirtieron el apellido Virgil en parte de la historia de República Dominicana. Virgil fue el pionero de un país que se ha convertido en la fuerza extranjera más imponente en la mejor liga de béisbol del mundo.

Lo que pareció originalmente como un hecho sin mayores consecuencias, se convirtió en la raíz de un fenómeno extraordinario que transformó positivamente el pasatiempo nacional de los norteamericanos. Desde el debut de Virgil hace 50 años (1956-2006), muchos dominicanos han jugado en las ligas mayores de Estados Unidos, Japón, México, China y otras ligas profesionales que se dedican a buscar talentos en República Dominicana.

Víctor Pérez Virgil (Osvaldo Virgil)

La calidad de los beisbolistas dominicanos queda demostrada por la cantidad que son firmados todos los años, con grandes contratos con edades desde los 16 años, cuando apenas estos terminan la secundaria, periodo en el cual el joven apenas empieza a pensar en trabajar.

Esto se debe a la cantidad de nóveles que practican béisbol, y la cantidad de academias internacionales y caza talentos en el país, incluyendo las 30 Academias de los 30 equipos existentes en MLB, y también la Academia Hiroshima Toyo Carp que funciona en la región este del país, en San Pedro de Macorís.

> *"La Academia de Béisbol Hiroshima Toyo Carp es la primera y única academia de béisbol profesional japonesa en el país, establecida por el equipo de béisbol profesional japonés Hiroshima Toyo Carp. Desde 1990 ha estado realizando actividades constantes para descubrir y formar deportistas talentosos en sus instalaciones"*

> *"El Embajador TAKAGI ofreció algunas palabras, describiendo la trayectoria de la academia en el país, y sus aportes en el deporte y a la juventud dominicana. Resaltó su deseo de que desde la Academia de Béisbol de Hiroshima Toyo Carp salgan muchos más jugadores excelentes en el futuro, y que siga floreciendo el intercambio a través de béisbol."*

También en los eventos como EL CLÁSICO DE BÉISBOL que se celebra cada 4 años, donde cada país muestra lo mejor que tiene, y la República Dominicana queda siempre entre los 3 mejores, en un certamen que concita a todas las generaciones a que lo vean presencialmente o por los medios de trasmisión televisada o streamer. Peloteros dominicanos figuran cada temporada entre los favoritos para ganar los principales premios de ofensiva y pitcheo, y en las listas de los mejores pagados.

También hay algunos que son coachs y managers, y Omar Minaya, de los Mets de Nueva York, es el único latinoamericano que ocupa el puesto de gerente general. Un informe realizado por la oficina del comisionado indica que las Grandes Ligas inyectan casi 80 millones de dólares anualmente a la destartalada economía dominicana, y crean alrededor de dos mil puestos de empleo, directa e indirectamente, en la isla.

Víctor Pérez Virgil, oriundo de la República Dominicana. Virgil tenía 14 años de edad cuando su familia se trasladó a Nueva York en TGG. Fue firmado por un bono de 300 dólares por los Gigantes en 1953, y nunca ganó más de 18 mil dólares en una temporada durante su carrera.

Mientras el debut de Jackie Robinson, el primer jugador afroamericano en las Grandes Ligas, con los Dodgers de Brooklyn en 1947, es considerado un acontecimiento clave en la historia del béisbol, la hazaña de Virgil es desconocida por la mayoría de sus compatriotas, incluso entre los jugadores. Luego de Osvaldo Virgil, la República Dominicana ha visto desfilar por el béisbol pagado una gran cantidad de beisbolistas que han transcendido a otros continentes y escalado hasta el Salón de la Fama de MLB, como es el caso de Juan Marichal, Pedro Martínez, David Ortiz, Vladimir Guerrero, y otros que se perfilan para estar en el sitial inmortal del béisbol de los Estados Unidos, considerada la capital de ese deporte.

Otros grandes peloteros que han hecho carrera tanto como atletas y como jugadores en el béisbol profesional, tanto aquí como en Estados Unidos, son los hermanos Alou, Jesús, Felipe y Mateo, quienes jugaron los tres en los jardines en un mismo juego de la MLB con los Gigantes de San Francisco.

PRIMEROS JUGADORES DE BEISBOL REPUBLICA DOMINICANA EN EL SALON DE LA FAMA COOPERSTOWN, USA.

JUAN MARICHAL, PEDRO MARTINEZ, VALDIMIR GUERRERO,DAVID ORPTIZ ADRIAN BELTRE.,

Hermanos Rojas Alou .(Felipe,Mateo y Jesus)
https://th.bing.com/th/id/OIP.b-V9O1t7cimH2ywolrMH9QHaFL?pid=ImgDet&rs=1

También otros jugadores como Tony Peña, Mario Soto, Joaquín Andújar y otros tienen sus méritos, porque, aunque no tuvieron la fortuna de un Salón de la Fama, y sin esperanzas por estar ya retirados de muchos años, están en los pabellones de sus equipos en la República Dominicana y en los Estados Unidos como grandes atletas de su época.

Otros jugadores como Samuel Sosa, Adrian Beltré y un sinnúmero de los grandes embajadores que han debutado en las Grandes Ligas y que se han convertido en estrellas que hacen que los que no conocen el país tengan que buscar en el mapa de dónde salieron, siguen deslumbrando a los jóvenes y adultos de todos los países, cuando con la energía de un Fernando Tatis, Juan Soto, Carlos Gómez, José Sirí, Vladimir Guerrero Jr. Manny Machado, etc., demuestran que el plátano es un alimento natural de República Dominicana.

https://th.bing.com/th/id/OIP.b-V9O1t7cimH2ywolrMH9QHaFL?pid=ImgDet&rs=1

Liga De Béisbol Profesional De La República Dominicana (LIDOM)

El béisbol profesional dominicano es regido y fiscalizado por la Liga de Béisbol Dominicana (LIDOM) y sus conflictos son llevados al seno de esta, la cual debe dar respuesta en un tiempo prudente para el desarrollo de los torneos profesionales del país.

A continuación, la historia de la Lidom según su página web:

La Liga de Béisbol Profesional de la República Dominicana es una entidad incorporada por el Estado Dominicano que no tiene fines lucrativos. A lo largo de toda su historia ha tenido como función primordial organizar y regular la gestión beisbol*ística profesional en*

*el país caribeño, atravesando diversos periodos de desarrollo. Esta liga
ha permanecido desde sus inicios organizando y dirigiendo el* béisbol
dominicano, en combinación con las ligas mayores MLB, con la cual
tiene convenios, como el de que ningún jugador que no haya tenido
contrato anterior con MLB no puede jugar en la pelota profesional de
este país.

También esta liga posee sus programas sociales para la juventud,
en coordinación con la Asociación de Peloteros Profesionales del
país, y participa en eventos aficionados, como es el basquetbol y las
ligas infantiles de béisbol, financiando los eventos anuales celebrados
en esas disciplinas. *Desde el doctor Leonardo Matos Berrido, actual
presidente de la Liga, hasta el doctor Hipólito Herrera Billini, quien
fuera el primer presidente (1955-56), trece notables abogados han
asumido el reto. Estos hombres comparten, en su mayoría, entre muchas
cosas, la profesión que los distingue en la vida cotidiana y una pasión
incondicional por el* béisbol

En el 1955 los ejecutivos del béisbol profesional dominicano
inscribieron la actividad como parte del béisbol organizado de los
Estados Unidos, creándose la Liga Dominicana de B*éisbol* Profesional
(Lidom). De esa manera quedaba atrás la forma característica en que
hasta el año anterior se jugaba este deporte en el país. Fue Jaime Vidal
Velásquez (1956-59) el segundo hombre de leyes en tomar conducción
en parte del proceso de transición del llamado béisbol romántico, a
la etapa bajo luces. El licenciado Julio Cuello, magistrado ejemplar,
hombre de acendrados principios y recta conducta, dejó su impronta
en la Liga en los períodos 1963-65 y 1965-67. Otro abogado, Juan
Tomas Mejía Feliú, quien además de empresario y catedrático ocupó
el cargo durante los periodos 67-68 y 1982-83.

Manfredo A. Moore, deportista, jurista y magistrado, escaló
la máxima posición de la Liga (1968-71 y 1977 a 1981) luego de
distinguirse como entusiasta promotor deportivo y jugador de softbol.
Posteriormente el licenciado Eduardo Read Barreras, calificado como
el que mayor jerarquía alcanzó en el estamento público y como
hombre bondadoso y conciliador, estuvo al frente del 1971 al 1973.

Cuestionario: historia y origen del béisbol

DEFINE: 2 Puntos c/u.

1- ¿Qué son las estadísticas de nueva generación?

2- ¿Qué se persigue con las estadísticas avanzadas?

3- ¿Cuál fue la conclusión de Basabe López J. en su artículo sobre "Predicción del béisbol utilizando Inteligencia Artificial"?

4- ¿Cuáles son los antecesores de casi todos los juegos con pelotas?

5- ¿Qué tipo de béisbol se jugaba en E.U. en el periodo 1841 a 1850?

CONSIGNA

Discutir en un foro por el espacio virtual designado del profesor, el tema: "Qué avances trajo al béisbol el uso de las estadísticas avanzadas o de nueva generación llamadas Sabermetrías".

Cada estudiante tendrá una participación, exponiendo su punto de vista no más de 3 líneas, y su exposición tiene una evaluación de 3 puntos.

Debe comentar puntos de vista de sus compañeros, mínimo de 2, un punto por cada comentario sobre lo expuesto en el foro, para completar sus 5 puntos.

Este foro tiene una duración de una semana luego de ser publicado para cerrarse.

La evaluación son 5 puntos, 3 por su exposición y 2 puntos por sus comentarios o reflexiones.

Los recursos a utilizar son: internet, data, celular, otros.

Profesor:

Juego quizz (5 puntos)

Juega con tus compañeros para que repases el contenido y sepas en qué nivel de aprendizaje te encuentras.

Pedir link al profesor sobre el juego en la hora que éste señale.

Capítulo II. Fundamentos técnicos del béisbol

Palabras claves. Sistema educativo, Tácticas, Técnicas y estrategias, Planificación del entrenamiento, Sabermetrias, Academias de beisbol.

2.1. BÉISBOL EN EL SISTEMA EDUCATIVO DOMINICANO

El béisbol es uno de los deportes predeportivos en el currículo de la educación dominicana, y aunque la mayoría de los estudiantes prefieren jugar pelota, en las escuelas solo aparece como adendum en el diseño curricular, ver a continuación cómo se presenta en la página 545, diseño curricular 2022.

Nivel Secundario. Área: Educación Física. Grado: 2do.

Béisbol/Softbol: Historia del béisbol/softbol (internacional, nacional y local), reglas elementales, posiciones fundamentales, bateo, lanzamientos, fildeo, corridas de base, infielder y outfielder.

https://www.ministeriodeeducacion.gob.do/docs/direccion-general-de-curriculo/RtcE-diseno-curricular-del-nivel-secundario-primer-ciclopdf.pdf

La enseñanza del béisbol en las instituciones docentes que lo imparten se circunscribe a secciones de entrenamiento de una hora y 45 minutos 2 veces a la semana, excepto los centros que tienen terreno o play, que hacen equipos y utilizan las clases para detectar los talentos que representan el centro en eventos de este tipo, con la comunidad y otras instituciones educativas. En las escuelas y colegios de nuestro país estudian miles de jóvenes que el nivel económico de sus padres no les permite que estos acudan a las ligas de béisbol a practicarlo, por lo que el único lugar y tiempo que tienen para hacerlo es en la escuela.

El béisbol, en nuestras escuelas, tiene muy poca presencia en los programas de los profesores y directores de centros educativos, por ser una disciplina que requiere de muchos implementos y espacio para la práctica y el juego, las escuelas y colegios que enseñan el béisbol son aquellas que disponen de un campo deportivo y tienen profesores que, aparte de ser profesores de educación física, pertenecen a equipos o ligas de béisbol, y estos llevan sus programas a la escuela donde los enseñan, muchos profesores de centros educativos prefieren enseñar otro deporte aunque tengan la capacidad para el béisbol, por los problemas antes expuestos.

En el currículo del área de Educación Física se dice que, para constituir un hecho educativo, el deporte ha de tener un carácter abierto, sin que la participación se supedite a características de sexo, niveles de habilidad u otros criterios de recriminación, y debe así mismo realizarse con fines educativos, centrándose en la mejora de las capacidades motrices y de otra naturaleza que son objeto de la educación, y no con la finalidad de obtener un resultado en la actividad competitiva, no se pone en duda el valor del deporte como medio educativo, de recreación o esparcimiento para acrecentar o mantener la salud.

Los profesores de educación física que no poseen un elevado nivel de conocimiento en preparación en el béisbol, no se arriesgan a diseñar un plan de entrenamiento para desarrollar beisbolistas. Cuando se prepara una planificación, se distribuyen cargas físicas a un jugador de béisbol, se debe tener presente la resistencia del brazo, por el volumen de la musculatura implicada, o sea, la resistencia local; para esto se debe conocer la duración de la competencia y la cantidad de lanzamientos promedio que el lanzador realiza en un juego y durante toda la competencia, más las regulaciones de cada federación de béisbol.

En la etapa de preparación general se trabajará para alcanzar grandes volúmenes de lanzamientos desde distintas distancias, en tiempos determinados, a medida que se acerca la competencia se ajustan los volúmenes y se aumenta la intensidad de los lanzamientos. En la preparación especial se trabaja en base al rol que tendrá dentro del equipo, con volumen e intensidad máxima, según su función o rol en el juego.

El docente, aunque no esté preparando un atleta para alto rendimiento, debe planificar el entrenamiento por semanas con secciones de a 2, prácticas de 1 y 2 horas, tiempo en que un joven beisbolista podría trabajar su brazo como cualquier jugador que lance un juego completo, por esto es necesario que se tome en cuenta en la práctica a los que lanzan, para evitar que estos deterioren su brazo a temprana edad. Es evidente que para desarrollar la habilidad motriz en atletas hay que actualizarse, pues cada vez surgen nuevas formas de entrenamiento debido a los descubrimientos con relación a lesiones producidas por una mala práctica en el ejercicio.

En el sistema educativo español han tomado el béisbol como un deporte que desarrolla competencias básicas en los alumnos, como lo expresan Fernández Rio Javier y Martínez Álvarez Gonzalo (2008).

> *"Ahora bien, a priori, el béisbol nos ayuda a la consecución de los principios psicopedagógicos y didácticos: a partir del nivel del desarrollo del alumno, fomentar aprendizajes significativos, desarrollar los principios de autonomía y actividad, contribuir al establecimiento de un clima de aceptación mutua, cooperar para estimular la transferencia y las conexiones entre los contenidos."*

Como podemos ver en la cita que antecede, el béisbol en España como deporte adquiere una importancia relevante para la formación de los seres humanos por competencias. Mientras que en casi todos los juegos deportivos se da un conjunto de relaciones, de cooperación y oposición simultáneamente, en el juego de béisbol ello no ocurre de la misma manera, sino que mientras un equipo está a la defensiva, solo hasta 4 jugadores del equipo contrario pueden estar a la ofensiva (el bateador y los corredores).

Ello implica grandes responsabilidades individuales y en sus acciones de conjunto, ya que cuando hay que ejecutar un fundamento el defensor no trata de eliminar a todos los contrarios sino a una parte, y para ello debe hacer un trabajo individual y alimentar a sus compañeros para que logren desactivar a los contrarios.

2.2. Nuevas estadísticas y términos en béisbol producto de la inteligencia artificial (IA) y sabermetría

Cuando hablamos del béisbol, tenemos que pensar en las últimas innovaciones mediante estudios de mercado a las nuevas generaciones y a los grupos que usan esta manifestación de la educación física para la recreación familiar o diversión y profesión mediante la práctica sistemática a temprana edad, para adaptar el deporte del bate y la pelota a los nuevos tiempos. Estas herramientas que forman parte de las TIC (Tecnologías de la Información y la Comunicación) son puestas en práctica primero, luego de encuestas y estudios científicos, por los que invierten grandes recursos en el béisbol. **(Balbuena, F. R. (2020).**

El teletipo, la radio, la prensa escrita y las cámaras fotográficas fueron las primeras herramientas tecnológicas usadas para acomodar e informar a los que no podían estar presentes y llevar estadísticas. Hoy en día estamos pensando en sustituir hasta a los árbitros por robots, que estarían impartiendo justicia o cantando las jugadas en el terreno de juego.

Una herramienta tecnológica que ha causado controversia y al mismo tiempo facilidad para el desarrollo del juego son las llamadas sabermetrías, que permiten hacer predicciones y medir el trabajo de los jugadores de béisbol en una tercera dimensión, permitiendo dimensionar el valor del jugador en el terreno para un mejor pago y valoración por los que pagan.

Para fines de ver la efectividad de estas herramientas, se midió el promedio de un equipo que participó en un evento profesional, tomando los promedios evaluativos de los jugadores y el equipo con respecto a los demás, y se detectó que el valor de los jugadores aumenta si se paga de acuerdo a lo rendido, utilizando las estadísticas de nueva generación, de igual manera se descubrió que el equipo adquiere un valor más alto utilizando estas medidas para proyectarlo para la siguiente temporada, y por su valor actual.

Los estudios sobre sabermetría cobran importancia para los especialistas y atletas porque propician evaluar el rendimiento óptimo ofensivo de los atletas.

Buscamos en la web estudios similares a esta comparación, y apoya nuestra teoría en su conclusión, la cual citamos a continuación:

> *"Al realizar la búsqueda sobre la sabermetría, se profundizó en su concepto, el surgimiento y diversidad de autores que de una forma u otra han aportado resultados relevantes, fórmulas aplicadas en las diferentes ligas, eventos, campeonatos, los cuales arrojan la evaluación del rendimiento óptimo de los atletas y equipos, aspecto este que en la provincia se cuenta con un especialista-sabermétrico. Con la aplicación de la sabermetría se detectó que la media nacional de por vida de los equipos involucrados en las series nacionales ha estado por encima de los resultados ofensivos del equipo Holguín, por lo tanto, este ha sido un parámetro que se ha mantenido promedio. La sabermetría aporta mucha más información sobre el rendimiento óptimo ofensivo que las estadísticas tradicionales controladas por el Software Béisbol del Cinid, del Inder en el ámbito nacional. Las tendencias individuales y colectivas del equipo Holguín arrojaron conocimiento táctico integral, se conformó la alineación en dependencia al rendimiento óptimo real, se ganó en precisión de los tiros a los cortadores marcadores, todo ello lo propició una disciplina deportiva exigente por parte de la dirección del equipo como de los propios atletas".*

Autores: Msc. Carlos Isidro Paz y Lic. Alfredo Martínez.

2.3. Indicadores usados en las estadísticas de nueva generación.

El WAR (Win Above Replacement) es una estadística que conglomera los distintos aspectos del juego, a los fines de medir la contribución de un jugador a su equipo en términos de victorias por encima de un jugador reemplazo.

OBP (Porcentaje de embasado)

Fórmula para calcular el OBP:

(H+BB+GP)/ (VB+BB+GP-SH)

Gracias a Moneyball y Billy Beane, el OBP es la estadística que comenzó la revolución sabermétrica en el béisbol, demostraron que es más importante evitar que te hagan out (lo que mide el OBP) a dar un hit (lo que mide el AVG). Los jugadores con buen OBP (de 370 para arriba) suelen estar en los primeros lugares del *line up* (1-4). Para tener un buen OBP, ayuda que el bateador sea paciente y tome un buen número de boletos.

SLG (*Slugging*)

Fórmula: (Cantidad de Bases Recorridas/VB)

Promedio de SNB: 406

Un buen *slugging* depende del poder del jugador y de su capacidad para mantener un buen promedio al bate.

OPS (Es la suma del OBP más SLG)

Fórmula: OBP+SLG

Es simplemente la suma del OBP y el SLG para unir la utilidad de ambos en una sola estadística.

BABIP (Promedio de Pelotas en Juego)

Fórmula: (H-HR)/ (VB-K-HR+SF)

Es el average sin contar los ponches ni los jonrones; en otras palabras, dice cuántas pelotas que fueron bateadas cayeron de hit.

BB% (Porcentaje de Boletos)

Fórmula: BB/CB

Más que dar un hit, lo más importante es evitar que te hagan *out* y embasarte. Comparar los boletos con las apariciones legales permite ver qué tanto ayudó un bateador con su paciencia a su OBP.

K% (Porcentaje de Ponches)

Fórmula: K/VB

Superar por mucho el promedio dificulta tener un buen average, y viceversa.

ISO (Poder Aislado)

Fórmula: SLG-AVG

Se le resta el promedio al *slugging* y el resultado es el poder bruto de un jugador. En otras palabras, resta los sencillos a las bases conseguidas con dobles, triples y jonrones. Básicamente, mide la capacidad de dar extra-bases.

BR% (Porcentaje de Éxito en Robos de Bases)

Fórmula: BR/BR+OCR

Características de los practicantes de béisbol

A partir de los 12 años los deportistas pueden desarrollar capacidades específicas elevando el nivel motriz especialmente en deportes de alta competición, en esta edad ya los jóvenes están en el nivel de 6to. a 7mo. grado, aquí es donde se deben diseñar prácticas especiales para los practicantes de este deporte.

Los jugadores de béisbol son deportistas que por lo general reciben la influencia de algún grupo que lo introduce en el juego por medio de equipos formados en su sector, ligas a las que se afilian a temprana edad, o más bien en su entorno familiar existen practicantes de este deporte, cuando los que siguen este juego usado como un medio recreativo por muchos lo entienden despiertan una pasión que a veces, si no se controla, puede producir frustraciones al joven, debido a los grandes sueños que se pueden generar cuando se decide llegar al estrellato.

Los instructores de béisbol deben de tener la capacidad de orientar a los practicantes de este juego sobre los sacrificios que se deben hacer para vivir en el futuro de esta práctica, para evitar que algunos que no tengan las condiciones destruyan su vida intentando llegar al profesionalismo, que es donde se reciben grandes ingresos cuando se puede llegar y mantenerse.

Los beisbolistas empiezan jugando en su sector o escuela en ligas o equipos que son formados para representar su comunidad o centro educativo, cuando estos entran en una edad donde se les puede someter a un programa de entrenamiento de alto rendimiento si presentan condiciones son probados para pertenecer a una academia formada por inversionistas o técnicos en béisbol, para desarrollarlos como profesionales. Los practicantes de este deporte en la República Dominicana y otros países de la región que no logran conseguir como profesionales y se mantienen practicando, optan por pertenecer a las filas militares como jugadores de ese deporte, consiguen becas de estudio en universidades extranjeras y nacionales o se convierten en instructores, profesores y dueños de ligas o programas.

En la República Dominicana, las organizaciones de béisbol de Estados Unidos y Japón tienen instaladas casi 30 academias donde todos los años, en el mes de julio, otorgan contratos a los nóveles con condiciones para el profesionalismo, los cuales son monitoreados durante el año.

2.4. Enseñanza del béisbol en los niños de 13-14 años

Los beisbolistas que más acción ven durante el año son los de esta edad, ya que por su madurez pueden participar en eventos internacionales que involucran jornadas de más de 15 días, como son los eventos tradicionales celebrados en diferentes países como Estados Unidos, México, Venezuela, República Dominicana y otros.

Eventos tradicionales de béisbol menor

Todos los años se celebran en Estados Unidos torneos mundiales de béisbol, de jóvenes que van de 12 hasta los 14 años de diferentes países, incluyendo la República Dominicana, el evento es organizado por exjugadores profesionales que hacen fundaciones divididas por distritos, y aunque su función es trabajar con escolares, los países del aérea del Caribe se organizan por ligas y no por escuelas, y a veces participan jóvenes que pertenecen a escuelas diferentes.

La liga Williamsport es una de las organizaciones que ejecuta estos eventos, estos vienen ayudando a muchos países en el desarrollo del mencionado deporte en esa edad.

Los juegos de torneo comenzaron en Las Pequeñas Ligas en 1947. La dirección de los juegos de torneo por parte de los Administradores de Distrito comenzó en 1956, después del Primer Congreso Internacional de las Pequeñas Ligas. Hoy, la responsabilidad de la programación y la supervisión de todos los juegos de torneo de los distritos está bajo la jurisdicción de los Administradores de Distritos.

Los países que participan van eliminándose por región, y por cada una de ellas sacan un representante que va a competir en el mundial.

Los 16 equipos que participan en la Serie Mundial de Pequeñas Ligas son divididos en dos grupos: ocho equipos internacionales y ocho conjuntos estadounidenses. Los ocho equipos se disputan los dos puestos del juego de campeonato de su división, siguiendo un formato de eliminación doble en cada grupo, mediante el cual equipos que pierden dos juegos son eliminados.

Esta liga tiene sus reglamentos y estos toman en cuenta la edad biológica de cada participante, y hacen gran énfasis en cómo preservar especialmente el brazo de lanzar, para ello reglamentan la cantidad de lanzamientos por edad de los lanzadores y los días que deben de tomar para recuperarse sin lanzar.

Algunas reglas observadas sobre el uso del lanzador, las cuales obedecen a que a esa edad se deben cuidar los brazos de los lanzadores para evitar lesiones a temprana edad.

Consideramos estas reglas como buenas y válidas, ya que en la preparación de lanzadores, y con experiencia por estar aún lanzando en categorías de mayores, nos han dado resultado.

El dirigente debe remover al lanzador cuando él/ella llega al límite mandatario para su edad de liga, como se menciona a continuación, pero el lanzador puede permanecer en el juego en otra posición:

Edad Liga: 13-14 años, 95 lanzamientos por día.

9-10 años, 75 lanzamientos por día.

Excepción: si un lanzador alcanza el límite impuesto para *él/ella*, según su edad de la liga, mientras enfrenta a un bateador, el lanzador puede continuar lanzando hasta que cualquiera de las siguientes condiciones ocurra:

1. Bateador alcance la base.

2. Ese bateador sea puesto out.

3. Con el tercer out se completa la segunda mitad de la entrada.

(NOTA 1: Un lanzador que efectúa 41 o más lanzamientos en un partido, no puede jugar la posición de receptor por el resto de ese día).

Lanzador de ese *día* de la liga, de 14 años y menores, deben seguir los siguientes requisitos para una recuperación óptima:

Descanso.

-   Si un jugador hace 66 lanzamientos o más en un día, cuatro (4) días calendarios de descanso deben ser observados.

-   Si un jugador hace de 51 – 65 lanzamientos en un día, tres (3) días calendarios de descanso deben ser observados.

-   Si un jugador hace de 36 - 50 lanzamientos en un día, dos (2) días calendarios de descanso deben ser observados.

- Si un jugador hace de 21 - 35 lanzamientos en un día, un (1) día calendario de descanso debe ser observado.

- Si un jugador hace de 1 - 20 lanzamientos en un día, ningún (0) día calendario de descanso debe ser observado.

EXCEPCIÓN: *Si un lanzador alcanza en un día(s) el límite de lanzamientos a un bateador, el lanzador puede continuar lanzando hasta que se produzca alguna de las siguientes condiciones:*

Ese bateador llegue a base.

Ese bateador sea retirado.

El tercer out es hecho para completar la segunda mitad de la entrada.

El lanzador solamente tendrá que observar los requisitos del calendario de días de descanso para comenzar otro, luego que él/ella alcanzara durante sus lanzamientos a ese bateador, siempre que el lanzador se retire antes de lanzarle en el turno a otro bateador"7.

Como se puede ver, existe un control estricto para preservar el brazo del lanzador, y cuidan la salud de los participantes mediante un reglamento que es modificado todos los años y es aplicable al sexo femenino, ya que hay países que tienen niñas en esa edad que juegan al béisbol.

En la República Dominicana existen internados donde expertos en béisbol buscan jóvenes a partir de los 10 años para desarrollarlos con miras al profesionalismo; es aquí donde se establecen unidades de desarrollo del potencial del joven y no en nuestras escuelas, donde simplemente el entrenador o profesor de educación física, en su mayoría, sigue el patrón establecido para los niños de 10 años abajo, donde el béisbol es una simple recreación.

La edad de 13 años en adelante es donde los beisbolistas ya tienen capacidad física y mental para llevar rigurosos entrenamientos que son preparados para desarrollar talentos, lamentablemente, debido a la gran cantidad de niños practicando el béisbol en República Dominicana, podemos observar jóvenes de 10 años desarrollándose con programas de adultos, con anuencia de los padres y entrenadores, quienes hacen convenios por debajo de la mesa para, si se producen futuras firmas, los que financian estas prácticas quedarse con un porcentaje, a veces considerado muy elevado.

Los que tienen a cargo jóvenes practicando este deporte a esa edad hacen convenios con los padres para hacer inversiones que van desde alojamiento, alimentación, salud y entrenamiento, en estas condiciones el joven jugador no paga una mensualidad como lo hacen los que aún no son vistos como futuros prospectos, por su poco desempeño o sobrepasar la edad.

Otro evento donde los practicantes de béisbol en la edad de 13-14 años en la República Dominicana participan, es la denominada Serie del Caribe, que se disputa en la isla de Puerto Rico.

También estas categorías participan representando como selección las asociaciones y federaciones de béisbol de la República Dominicana, y es responsabilidad de estas preparar los equipos para la participación en eventos internacionales, en estos eventos participan jóvenes en diferentes categorías, y anualmente se visitan países que tienen tradición beisbolera, como son: Puerto Rico, Cuba, Venezuela, Curazao, Estados Unidos, Panamá, y otros países que organizan eventos de este tipo.

Para la participación en estos certámenes, se escogen los mejores equipos de los torneos distritales y regionales, quienes son reforzados con talentos que son evaluados en el desarrollo de los torneos locales por una comisión técnica en béisbol que designan los organizadores.

2.5. BÉISBOL EN NIÑOS Y NIÑAS A PARTIR DE 5 AÑOS

Aunque el béisbol lo juegan niños y niñas desde que pueden caminar, en este libro abordamos el béisbol en edad escolar, ya que el interés del escritor es otorgar a los profesores y entrenadores referentes para la enseñanza del mismo, a partir de que el participante pueda defenderse de la pelota para evitar la frustración de este por golpes recibidos en la práctica.

El béisbol desarrolla competencias, como ya hemos abordado, y cuando se enseña debemos tener en cuenta esas capacidades que pueden desarrollar nuestros estudiantes, a partir de ahí se deben diseñar unidades didácticas haciendo una planificación que contemple objetivos claros para lograr propósitos vía actitudes, procedimientos y otros componentes que deben constar en el diseño.

A los nóveles hay que evaluarlos cuando se van a introducir en la práctica, y puede darse el caso de que algunos niños sean entrenados aparte por tener alguna condición física que no les permita estar con el grupo, la cual es detectada en la etapa del test deportivo que debe realizarse para tal fin.

2.6. FUNDAMENTOS TÉCNICOS POR POSICIÓN EN BÉISBOL

El lanzador

En la hoja de anotación y en la distribución de las posiciones en el terreno de juego, este aparece como el jugador No. 1, en la gráfica de un play está en el cuadro interior, en la parte elevada que lleva el nombre *montículo* o *caja de lanzar*.

Lanzar en béisbol es considerada una de las capacidades más importantes, debido a que un buen lanzador permanece más tiempo en este deporte cuando decide practicarlo de por vida, o vivir de este como una profesión.

Cuando se desarrolla un lanzador, se preparan las habilidades motrices del brazo de lanzar, para ello se utilizan planes de entrenamiento divididos en secciones, microciclos y mesociclos, los jóvenes en edad escolar que no son sometidos a estos procesos no desarrollan su brazo, ya que para elevar las habilidades los entrenadores se auxilian de las otras capacidades, como son: Correr, Atrapar y Batear.

Ejemplo de un plan de entrenamiento para lanzadores que están dedicados exclusivamente a lanzar, y por lo que ya pasan de los 15 años y están en un programa de talentos:

2.7. DOSIFICACIÓN, PREPARACIÓN GENERAL dEL LANZADOR DE BÉISBOL

Cantidad de lanzamientos que debe realizar el lanzador en la etapa general:

SECCIÓN DE (200) DISTRIBUIDOS EN %:

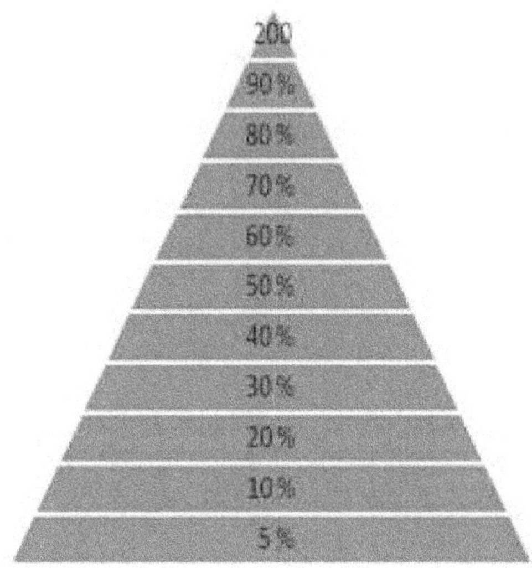

Esta pirámide de lanzamiento consta de 2 mesociclos. De 10 microciclos. De 50 sesiones de entrenamiento. Los dos primeros microciclos se trabajarán por tiempos de 5 y 10 minutos, el tercero, cuarto, quinto y sexto por cinco días de trabajo, y el séptimo, octavo y noveno microciclo por tres días de trabajo con dos de descanso.

La pirámide tiene tres etapas fundamentales:

Familiarización (2semanas).

Preparación (8semanas).

Adaptación (10semanas).

Familiarización: Es donde el atleta se familiariza con el implemento (pelota), se trabaja por tiempo y solamente tirará rectas en la primera semana (25 mns.). En la segunda semana (50 mns.) se comienza a rotar los distintos lanzamientos (no se cuantifica el volumen, la intensidad es particular por cada lanzador).

Preparación: Consta de 8 semanas, comenzando a partir del tercer microciclo, y se comienza a trabajar con los porcientos que cada micro exige, aquí se tiene que controlar la cantidad de lanzamientos, el volumen y la intensidad, que estará en dependencia del ejercicio.

Adaptación: Consta de 10 semanas, su objetivo fundamental es adaptar y preparar el brazo del lanzador al volumen del trabajo propuesto para esta etapa (200 lanzamientos).

Distribución del volumen de los lanzamientos por microciclo:

Ejemplo:

En el 3er. microciclo, se trabaja con el 20% de los 200 quees (40 lanzamientos) y se multiplica por los días de trabajo del microciclo (5 días).

40 lanzamientosx5 días de trabajo=200 repeticiones.

La distribución del volumen de los lanzamientos por días.

Ejemplo:

La distribución de 200 lanzamientos entre los 5 días de la semana, y cumpliendo con el principio ondulatorio de las cargas:

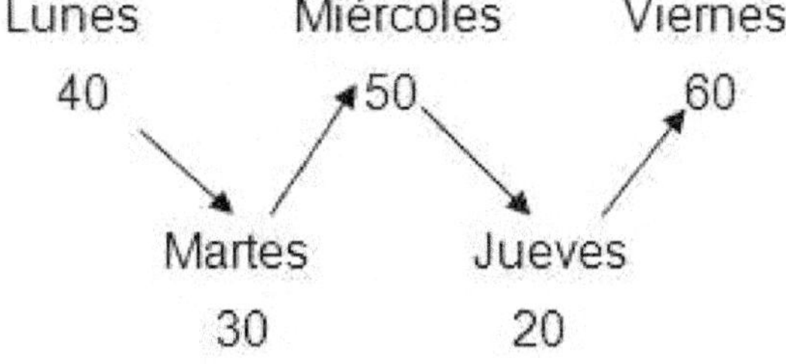

Los martes y los jueves decrece el volumen y aumenta la intensidad.

Lunes, miércoles y viernes aumenta el volumen y disminuye la intensidad, que estará en dependencia del ejercicio técnico.

Etapa de Preparación Especial:

Rango de lanzamientos a alcanzar para la etapa de preparación especial:

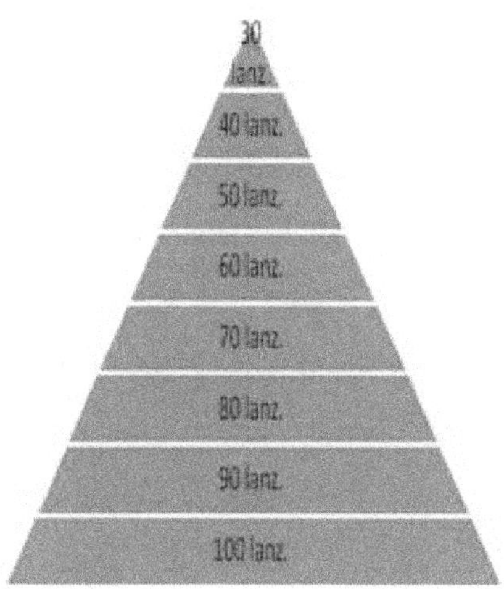

En esta etapa comienza el trabajo con el volumen y la intensidad, la especialización de cada lanzador dentro de su equipo.

Aunque esta planificación es utilizada para los jóvenes talentos en los programas de preparación de beisbolistas con miras a desarrollar el béisbol como profesión, los autores de esta investigación sostienen que cada profesor que enseñe béisbol debe adoptar este tipo de planeamiento y ajustarlo a la edad con la que está trabajando, pues en cuanto a contenido con respecto a los programas recomendados para enseñar beisbolistas en edad escolar no existen muchas diferencias.

Si los entrenadores siguen esta guía metodológica diseñada en una planificación por cada práctica, utilizando unidades didácticas con estrategias de mando guiado, que es instruir mostrando las formas de la práctica y haciendo intervención en cada error para corregirlo, tendrán un éxito de un 90% de efectividad en sus objetivos de logros.

Preparación física del lanzador de béisbol

Debemos entender que en la etapa general se deben fortalecer los músculos del brazo del lanzador, por lo que se recomienda trabajar alternadamente con la preparación física, con rutinas que estén acordes con la edad del lanzador.

Se recomienda practicar los movimientos desde la loma de lanzar, utilizando implementos que ayuden al lanzador a tener una buena acción hacia el home plate o hacia el receptor, para lo cual se recomienda enumerar los movimientos desde que el lanzador se pone en contacto con el mascotín hasta la caída o soltura de la pelota.

Implementos como toallas dobladas para el fueteo, conos para dirigir el pis cuando sube a la cadera, talas para el seguimiento de la dirección del pie hacia la goma o receptor, y otros implementos para ejecutar el movimiento, son recomendados en la preparación del lanzador.

Cuando se habla de preparación general y especial, se refiere a la preparación física general con rutinas de ejercicios tendentes a preparar el cuerpo para el juego de béisbol, y cuando hablamos acerca de la preparación especial es cuando el profesor de educación física trabaja individualmente la capacidad que este quiere fortalecer, o elevar las habilidades motrices; en los lanzadores se preparan planes de entrenamiento con rutinas que incluyen trabajo en gimnasio para desarrollar algunos músculos a temprana edad.

Algunos ejercicios recomendados para desarrollar el brazo de lanzar en gimnasio con pesas a temprana edad:

Ejercicio físico No.1: Curl de antebrazo en suspensión

Sentado con los antebrazos apoyados en los muslos, se sostiene una barra con las palmas de las manos hacia arriba, y flexionamos con las muñecas hacia arriba, luego descendemos el peso a la posición inicial para comenzar nuevamente la flexión, y así consecutivamente se hacen secciones de 2 a 3, de 2 a 10 enviones, aumentando y disminuyendo por cada actividad, según sea el plan de entrenamiento, que va a depender de la etapa de la preparación, si es introductoria, familiarización, precompetitiva o competitiva.

Ejercicio físico No. 2: Curl de antebrazo en pronación

Sentado con los antebrazos apoyados en los muslos, se sostiene una barra con las palmas de las manos y se hacen los movimientos contrarios a los anteriores.

Ejercicio físico No.3: Curl invertido para antebrazo

De pie, sosteniendo una barra con las palmas de las manos hacia atrás, levantamos el peso hacia adelante con una flexión de ambos codos, realizando el movimiento únicamente a nivel de antebrazos, sin mover los brazos. Luego se desciende la barra de forma lenta hasta su posición inicial, siempre con desplazamiento solo de antebrazos.

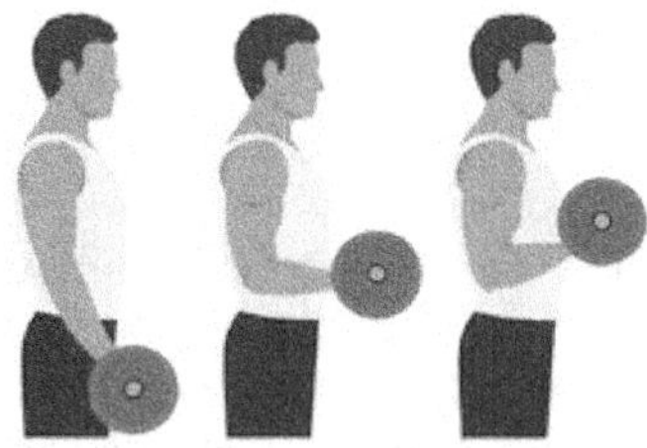

Como se puede observar, existen una gran cantidad de ejercicios físicos que pueden ser recomendados a los estudiantes por los profesores como actividades extraclases y que deben ser supervisadas por este, a fin de formar adecuadamente el brazo del jugador de béisbol.

Lanzamiento en recta. Este lanzamiento tiene un agarre consistente en tomar la bola con los dedos índice y mayor casi unidos, cruzando las costuras de la bola se agarra auxiliándose del pulgar, apoyando la parte interna de la bola en los dedos anular e índice, luego de este agarre se lanza la bola dando una vuelta al brazo, llevando el mismo hacia atrás en forma de L y, con un movimiento de piernas al compás del brazo, se hace el lanzamiento soltando la bola cuando la mano sosteniendo la bola baja al punto donde la vista puede ver la mano, la bola viajará más rápido y aunque gira levemente debe alcanzar una buena velocidad.

Este lanzamiento, además de ser lanzado a bateadores para que la golpeen, los beisbolistas lo utilizan para tirar a las bases cuando la bola es bateada y es atrapada, para eliminar a un jugador en un partido, para tirar de distancia, como los jardineros en el campo a la defensa, y los receptores para evitar que los corredores avancen utilizando la estafa de bases.

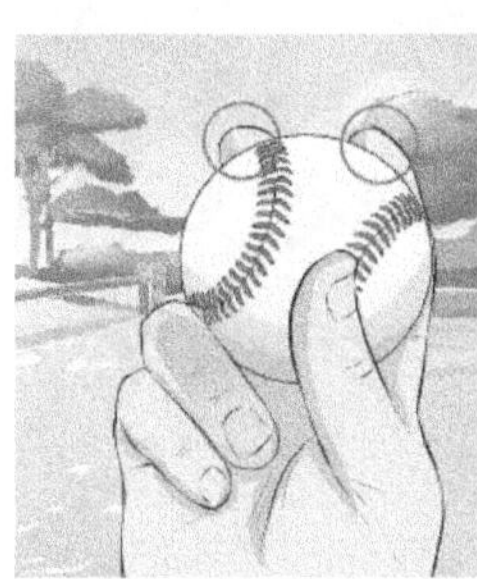

Lanzamiento en curvas. Este lanzamiento tiene una trayectoria giratoria, y el recorrido no es en recta, sino que debe arquear para lograr un efecto distinto al de la recta, se usa para evitar que el bateador la golpee cuando se desarrolla el juego, este lanzamiento solo lo utilizan los lanzadores para eliminar bateadores.

  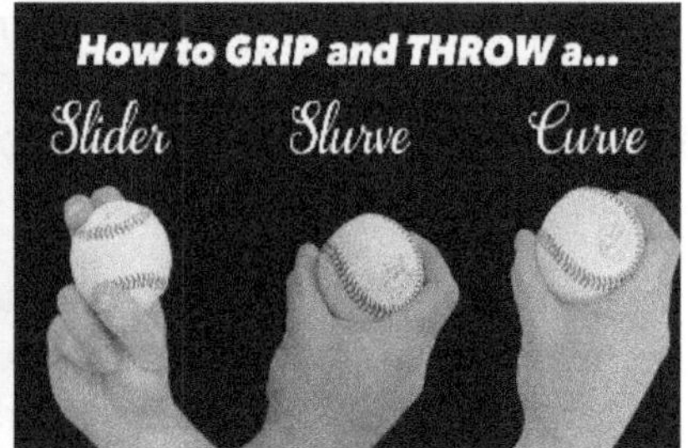

Lanzamiento en cambio. Este lanzamiento se toma de varias formas, pero siempre tratando de hacer un movimiento como si fuera la recta, pero quitándole velocidad por la forma del agarre, el cual consiste en tomar la bola en la palma de la mano, y se pueden poner los dedos en diferentes formas.

Formas de agarre de la pelota para lanzar los cambios, de izq a der: cambio normal, cambio circular y Palmball

Existen otras variedades de lanzamientos, pero son utilizados por beisbolistas profesionales, los cuales hacen una creación que pueden diferir de muchos existentes, la mayoría de los que se destacan como buenos lanzadores es porque inventan un lanzamiento y se catapultan por tener movimientos diferentes a los demás.

El lanzador es el que ocupa la posición más difícil dentro de un juego de pelota; es la más compleja, representa dentro del juego un setenta y cinco por ciento, o más, de la actuación de un equipo para lograr la victoria; de él parten todas las jugadas defensivas que se puedan realizar, se encuentra situado en el centro del terreno, y junto al cátcher los defensivos más cerca de los bateadores. Por ello, un lanzador no se hace en un corto plazo, ya que este se forma y desarrolla desde edades tempranas y a través de los años.

No se trata de formar un talento, es que el profesor cumpla con el rol de encaminar a los jóvenes en edad escolar en la práctica adecuada de los deportes que enseña.

2.8. Consideraciones generales

El lanzador

Las posiciones o paradas reglamentarias que debe asumir el lanzador son:

1- Parada de frente, con los hombros alineados haciendo contacto con la tabla de lanzar, de frente al receptor y con la mano que sostiene la pelota dentro del guante inicia el movimiento levantando el pie de caída en dirección hacia su estómago.

Luego de que su rodilla llega a cierto punto de su anatomía frontal, se impulsa con el pie pivote apoyado en la goma o tabla de lanzar, y al mismo tiempo despega su mano del guante para lanzar la bola hacia el receptor.

2- Parada de lado, con un hombro hacia el receptor y el otro hacia la segunda, con el pie de pivote en la goma de lanzar y el pie de caída separado inicia su movimiento luego de observar el corredor, si existe en bases, para evitar le robe tiempo para la siguiente base recoge sus pies de caída e inicia el proceso antes descrito de cuando entra de frente llevando su rodilla hacia el estómago, y luego se impulsa desde la goma o tabla de lanzar con fuerza, al tiempo que saca la bola del guante.

Existen variedad de movimientos del cuerpo cuando se lanza en béisbol, sin cometer movimientos ilegales, y todo va a depender de la creación del lanzador.

De lado

Se utiliza cuando hay uno o más corredores en base. Se apoya el pie de pivote en la parte superior del borde delantero, los pies separados cómodamente y el hombro delantero señalando directamente hacia el home.

La pierna posterior recibe la mayor parte del peso del cuerpo. Para los lanzadores derechos, pegar la barbilla al hombro izquierdo volteando ligeramente la cabeza, observando alternativamente hacia el home y hacia primera base.

Las manos unidas delante del cuerpo a la altura de la cintura para hacer parada reglamentaria. El peso del cuerpo se transfiere al pie de pivote para obtener buen impulso desde la goma de lanzar, gira la cadera y se flexiona la pierna de contacto.

No se debe elevar demasiado el pie de paso.

Los lanzadores zurdos tienen ventaja, ya que se encuentran de frente al corredor de primera, se demoran más en sus movimientos, lo que confunde al corredor.

Hay que mantener un buen balance y control del cuerpo, además de estar preparado para sacar el pie de la goma y convertirse en jugador de cuadro.

Posición preparatoria

Ambos pies se colocan sobre la goma de lanzar, aunque se pueden adoptar otras posiciones, siempre que el jugador haga contacto con el box y se sienta en una posición cómoda.

Mientras el pitcher toma las señas del receptor, se debe mantener la bola escondida del bateador y de los asistentes de primera y tercera base. Los que tengan dificultades para ocultar la bola, pueden mantenerla dentro del guante.

Cuando no se está de acuerdo con la seña, se efectúa un movimiento negativo con la cabeza o con el guante.

Movimientos de impulso

El movimiento se inicia con un pequeño paso hacia atrás con el pie contrario de la mano de tirar (pie del paso), hacia el cual se traslada todo el peso del cuerpo, mientras que el otro se mantiene en contacto con la tabla.

Las manos unidas se elevan por encima y por delante de la cabeza, o se mantienen flexionadas al nivel del pecho (no wind up).

El pie que mantiene el contacto con la tabla (pie de contacto) gira, quedando paralelo con la misma y haciendo contacto con ella, por la parte delantera, con el borde exterior del pie.

Se realiza una pequeña flexión de la pierna de contacto, se gira la cadera y se eleva la pierna del paso (en dirección a tercera base los lanzadores derechos, y hacia primera los zurdos), manteniendo las manos unidas, el tronco en la vertical y la vista en dirección hacia el lugar donde se producirá el lanzamiento.

El lanzamiento

La pierna del paso se dirige hacia el home (ligeramente a la izquierda los derechos, y viceversa para los zurdos), cayendo sobre el terreno con la planta del pie. La longitud de este paso depende de la estatura del lanzador, evitando darlo demasiado largo para no caer sobre el talón.

Al mismo tiempo la pierna de contacto impulsa todo el cuerpo hacia delante y se saca la pelota del guante, iniciando el movimiento del brazo de lanzar hacia atrás y hacia arriba de forma rápida.

En el momento en que el brazo alcanza su altura óptima para el lanzamiento, el codo comienza a adelantarse al antebrazo y a la muñeca, quedando la palma de la mano hacia arriba (lanzamiento por encima del brazo). El brazo de la mano enguantada permanece flexionado y ayudando a mantener el equilibrio del cuerpo.

Cuando el codo está por delante del cuerpo, se realiza un movimiento enérgico y coordinado del antebrazo y de la muñeca hacia el frente y hacia abajo, liberando la pelota tan pronto el pie del paso hace contacto con el suelo. La acción de la muñeca y la forma de soltar la bola son determinantes para imprimirle rotación y velocidad al lanzamiento.

Después del lanzamiento

Cuando se suelta la pelota, todo el peso del cuerpo se traslada a la pierna delantera, posibilitando que la mano de tirar continúe su recorrido de un lado al otro del cuerpo en forma de arco, para terminar con el codo delante de la rodilla opuesta.

La pierna de contacto se trae casi paralela a la pierna del paso, y se dobla la espalda cuando la mano se encuentra directamente delante del cuerpo del lanzador.

El peso del cuerpo recae sobre el pie del paso, y el hombro del brazo de lanzar queda ligeramente adelantado.

El guante debe quedar delante del cuerpo para asumir una buena posición de fildeo.

2.9.- Técnica para el agarre de la bola

El agarre de la pelota en los distintos lanzamientos puede estar determinado por el ángulo que utilice el lanzador para soltarla, por el tamaño de su mano y la longitud de sus dedos, por las características de sus lanzamientos, entre otros factores; pero lo más importante es sentirse cómodo para lograr la mayor variación posible de la pelota.

Para los lanzamientos por encima del brazo, el agarre más conveniente es con las costuras en posición transversal, o tomándola por la parte más estrecha de las costuras.

Los que tiran a tres cuartos y por el lado, efectúan el agarre por las costuras porque tiene mayor variación.

Se puede experimentar con distintos tipos de agarre hasta encontrar el más cómodo.

Bola rápida

Se utiliza con mayor frecuencia. Generalmente se tira por encima del brazo y el agarre de la bola es con las costuras transversales, ya que tiende a subir cuando rueda por los dos primeros dedos y se rompe la muñeca hacia abajo cuando abandona la mano.

Lanzamiento rompiente

Trae un poco menos de velocidad. El dedo del medio ejerce mayor presión al lado de la costura, por la parte estrecha. Se debe imprimir buena rotación a la pelota. Cuando se tira por encima del brazo, la variación es hacia abajo, cuando se tira a tres cuartos la variación es hacia abajo y afuera. Cuando se va a efectuar el lanzamiento, llegando al punto sobre la cabeza, casi a la altura de la oreja, se le imprime la rotación a la pelota mediante un giro de la muñeca hacia delante y hacia abajo, la bola sale por la primera y segunda falange del dedo índice, abandonando el dedo del medio; por su porción central se ejerce presión con el dedo del medio y el pulgar sin que se limite la acción de la muñeca. Lo más importante es imprimirle rotación a la pelota con el rompimiento violento de la muñeca.

Existen otros lanzamientos, los cuales se deben aprender a medida que el lanzador vaya adquiriendo más experiencia y fortaleza física. Estos pueden ser:

Weeper, Slaider, Cambio de Velocidad, Tenedor, Sinker, Bola de Nudillo, Screwball.

Control

Es muy importante, y se adquiere a través de las prácticas que se efectúan con ese fin. Para lograrlo, el lanzador, antes de comenzar los movimientos, debe pensar hacia dónde dirige el lanzamiento. La vista debe dirigirse hacia uno de los cuatro puntos de referencia que nos da el receptor, que son los hombros y las rodillas.

Se necesita una buena memoria, capacidad de análisis y buena observación. Los problemas de control se producen por la falta de coordinación en los movimientos, debido a errores técnicos que se cometen.

Ejemplo: quitar la vista al objetivo, cambiar la presión de los dedos de la pelota cuando se va a lanzar, mala colocación sobre la goma de lanzar, emplear el paso demasiado largo, no flexionar el tronco para completar el lanzamiento.

Viraje a las bases

Lanzadores derechos

Para virarse a primera base, el lanzador derecho gira rápidamente el cuerpo hacia la izquierda, el pívot es con el pie derecho y se da un paso hacia la base con el pie izquierdo, el tiro debe ser más bien a la altura de la rodilla del inicialista y la parte interior de la almohadilla. Desde la posición de lado se observa al corredor por encima del hombro izquierdo.

Para virarse a segunda, debe existir coordinación con el hombre que va a entrar a cubrir la base, se requiere un giro de 180° por el lado de la mano del guante, cambiando la posición de los pies lo más próximo al terreno, llevando el pie de paso en dirección a segunda.

Para realizar la virada a tercera base, el lanzador, después de adoptar la posición de lado, eleva la rodilla izquierda a la altura de la cintura, y la punta del pie indica a tercera, la pierna no debe pasar la línea media del cuerpo y el paso se dirige a tercera.

Lanzadores zurdos

Para virarse a primera base los movimientos son similares a los que se utilizan cuando se va a lanzar, por lo que resulta engañoso. Cuando realiza la parada reglamentaria, vuelve la cabeza en dirección al home, y cuando eleva la rodilla derecha repite el mismo movimiento con la cabeza, se vira rápidamente extendiendo la pierna para dar un paso hacia esa base.

La virada a segunda es similar para zurdos y derechos, ambos usan el sistema de girar el cuerpo realizando un giro de 180° por el lado de la mano del guante, utilizando un pequeño salto para cambiar la posición de los pies.

Para realizar la virada a tercera base, antes de iniciar los movimientos para lanzar, dirige el pie derecho hacia tercera para completar el paso antes de realizar el giro del cuerpo.

Cuando se realizan los movimientos para virarse a primera base, está obligado a completar la jugada o será penalizado por regla.

Asistencias

En todos los batazos de rodados conectados por su lado izquierdo, debe realizar asistencia en primera base para completar una posible jugada.

El fildeo debe ser con dos manos cuando le pasen la bola, y se pisa con el pie derecho, apartándose rápidamente de la almohadilla hacia el interior del terreno.

Para cubrir el home, si se escapa la pelota hacia atrás, se coloca el home entre los dos pies y se gira el tronco en dirección a la pelota, se deja la línea del corredor libre y se toca de abajo hacia arriba.

Cuando se desvía hacia la izquierda del receptor, la posición es similar a la anterior.

Si se desvía hacia la derecha del receptor, se coloca el pie derecho en la parte anterior del home, y el izquierdo se sitúa paralelo, y al recibir el tiro se realiza un giro sobre el pie derecho para llevar el guante con la pelota hacia la parte delantera del home.

La mano de tirar se mantiene separada de la jugada.

Es fundamental realizar asistencias detrás de tercera y el home, porque se pueden emplear tiros desviados que no pueden ser capturados por estos jugadores, lo que hace posible que el lanzador efectúe la asistencia y evite el avance de cualquier otro corredor. Se debe determinar hacia dónde se dirige el tiro, y ponerse en línea con el que recibe y el que realiza el tiro, aproximadamente a la distancia entre 10 y 15 m.

Calentamiento del brazo

Alrededor de 15 minutos debe utilizar el lanzador para el calentamiento específico del brazo, el mismo puede variar por las condiciones ambientales, la estructura muscular del lanzador, y si es abridor o relevista. Si es abridor, se deben calentar todos los lanzamientos de frente y de lado en los minutos iniciales, y al final se dedica a mejorar el control y la preparación psicológica acorde al contrario.

También existen otras jugadas fundamentales, como la base por bolas intencional y la bola franca.

Ejercicios para los lanzadores:

- Imitación de los movimientos de frente y de lado.

- Ejercicios para la terminación del movimiento y el trabajo de la espalda.

- Ejercicios para mejorar el control.

- Ejercicios para mejorar los diferentes lanzamientos.

- Ejercicios para perfeccionar el viraje a las bases.

- Ejercicios para mejorar el fildeo de rodados y el tiro a las bases.

- Ejercicios para mejorar el fildeo de los toques de bola y el tiro a las bases.

- Ejercicios para cubrir la primera base.

- Ejercicios para realizar asistencia detrás de las bases.

- Ejercicios para lanzar la bola franca.

- Ejercicios para conceder la base por bolas intencional.

- Ejercicios para cubrir el home.

El receptor

Este es el jugador No. 2 para fines de la hoja de anotación a la defensa, y es el que le recibe al No. 1, que es el lanzador. La receptoría es una posición de mucha importancia para el lanzador, ya que en combinación con este puede contribuir en un 70% a la victoria en un juego.

La preparación física del receptor es muy importante, debido a que es una posición de fuerza y resistencia; este, además de buen brazo para retirar corredores en las bases, debe tener buena defensa, para esto hay ejercicios especiales.

El receptor debe saber guiar los lanzamientos para que el lanzador sea eficaz, y en combinación con el manager utiliza señas para sorprender corredores en base y lanzar en la zona donde el bateador es débil.

Debido a que el receptor es el único que queda de frente al resto de los jugadores y está en la meta donde se anotan las carreras, es quien dirige la mayoría del equipo que está en el terreno, haciendo señas y gritando fuerte para que el que está a la defensa pueda hacer tiros certeros y eliminar jugadores de la ofensiva, que es el objetivo del que está a la defensiva.

Posiciones del receptor o catcher en béisbol

Puede adoptar dos posiciones detrás del bateador, una para dar las señas y la otra para marcarle al lanzador. Para dar las señas, se coloca en cuclillas lo más cerca posible del bateador, pies paralelos, separados a la anchura de los hombros, peso del cuerpo en la punta de los pies, distribuido entre ambos, y la rodilla derecha en dirección al lanzador.

La mano de la mascota queda colgando delante de la rodilla izquierda con el hueco de la mascota de frente al home, la muñeca de la mano derecha se coloca sobre la ingle para dar las señas con los dedos, el brazo y el codo se mantienen pegados al cuerpo, lo más importante es que el equipo contrario no descubra el tipo de lanzamiento que se va a realizar.

Posición sin corredores en bases

Los pies separados un poco más que el ancho de los hombros; pie izquierdo ligeramente adelantado, piernas flexionadas, tronco inclinado al frente y el peso del cuerpo hacia la punta de los pies. Se calcula la distancia del bateador extendiendo la mano de la mascota hacia el codo de dicho bateador, de forma que quede a 10 o 12 cms. del mismo. La mascota se mantiene en la misma posición para marcarle al lanzador, el hueco de la mascota de frente al lanzador, la punta de los dedos señalando hacia arriba y ligeramente al frente, la mano limpia al lado de la mascota en posición semicerrada, con el pulgar debajo del índice, mientras se espera el lanzamiento se unen los pulgares y esto nos evita cualquier golpe en los dedos. Cuando se recibe el lanzamiento, los dedos de la mano libre buscan la costura, para llevar la pelota y la mascota a la posición del tiro.

Con corredores en bases

Se eleva un poco más el tronco, menos flexionadas las piernas, se adelanta un poco más el pie izquierdo de forma que quede alineado la punta del pie derecho con el talón del izquierdo, se debe abrir un poco más la punta del pie derecho, de forma tal que indique en dirección a primera base para coordinar el trabajo de los pies en los tiros a las bases.

Recibo de los lanzamientos

Todos los lanzamientos se deben recibir lo más cerca posible del home, extendiendo los brazos. Cuando el lanzamiento es bajo la muñeca, se flexiona hacia arriba, los lanzamientos altos se reciben dejando caer la mascota con flexión de la muñeca hacia abajo. Se flexionan las piernas cuando el lanzamiento es ligeramente alto, y se extienden cuando es ligeramente bajo. Los brazos no pueden estar rígidos. No se debe interferir con el swing del bateador.

TRABAJO DE LOS PIES

Para recibir los lanzamientos, si son abiertos se da un paso lateral, no se debe dar paso de cruce ni invertir la mascota para recibir este tipo de lanzamientos.

PARA BLOQUEAR LOS LANZAMIENTOS

Los lanzamientos que pican delante del home son difíciles de recibir, por lo que se debe bloquear la bola en vez de recibirla limpiamente. Para ello deja caer ambas rodillas, la mascota y la mano limpia se colocan entre las dos piernas, muy cerca del terreno, y las palmas de las manos hacia el frente, el tronco y la cabeza se inclinan hacia delante. Los lanzamientos que pican hacia el lado izquierdo se bloquean dando un paso lateral con el pie izquierdo, y se deja caer la rodilla derecha.

PARA TIRAR A LAS BASES

La mecánica de tirar incluye tres aspectos fundamentales:

Agarre de la pelota, la coordinación de los movimientos del brazo, del cuerpo y de los pies, y la terminación completa de los movimientos. Cuando se recibe el lanzamiento, la mascota unida a la mano de tirar se mueve hacia atrás en dirección al hombro derecho, al mismo tiempo que se transfiere el peso del cuerpo hacia el pie de tiro.

Para realizar el tiro se lleva el brazo flexionado a una posición detrás de la oreja, y el hombro delantero indica a la base donde se dirige el tiro, el pie izquierdo sirve de guía, la mano de la mascota se mueve de derecha a izquierda y permite girar hombros y caderas, el codo dirige el inicio del tiro, y en el momento de soltar la bola se rompe la muñeca hacia abajo.

Para fildear los toques de bola

Cuando se parte a recibir el toque de bola, debe usar la mascota y la mano limpia para coger la pelota, la mascota se emplea para detener la bola y barrer hacia la mano de tirar, la vista no se debe desviar hasta que no se encuentre dentro de la mascota. Cuando el toque es por primera, el receptor se aparta de la línea del corredor y realiza el tiro hacia la parte interior de la almohadilla. Cuando el toque es por tercera para tirar a primera, el receptor le parte a la pelota por el lado que se encuentra en dirección al montículo hasta colocarse casi delante de ella, realizando el tiro por encima del brazo o a tres cuartos. Cuando haya que realizar jugadas en segunda o tercera base, al toque por tercera se le parte a la bola desde la raya de foul.

Para fildear los batazos de elevados

Con bateador derecho y lanzamiento en la esquina adentro, gira por su lado izquierdo para salir a buscar la bola, mientras realiza este movimiento se quita la careta y localiza la pelota.

Cuando el lanzamiento es por la esquina de afuera, gira por el lado derecho.

Cuando el bateador es zurdo, se emplea la misma técnica, pero a la inversa.

Se debe colocar de espaldas al diamante cuando los batazos son directamente sobre el área del home, porque describen una variación hacia el cuadro, y se debe correr sobre la punta de los pies, tener presente la proximidad de las gradas, el sol, el viento, las luces artificiales.

Se fildea próximo al pecho o a la altura de la cabeza, midiéndola sobre la misma por si hay que dar algún paso adicional.

Cuando el tiempo lo permite, la careta se agarra firmemente y se tira en dirección opuesta a la que se sale a fildear.

Para tocar a los corredores en home

Cuando el tiro es desde la parte derecha del terreno, el receptor se sitúa detrás de la línea de foul de tercera, con los pies cómodamente separados y el pie derecho coincidiendo con el borde delantero del home.

Para recibir los tiros desde la parte izquierda, sitúa su pie izquierdo en la esquina del home que se encuentra en dirección a tercera base, y el pie derecho cómodamente separado hacia la parte derecha del home. Cuando recibe el tiro, realiza un pequeño giro del cuerpo hacia su izquierda y coloca la rodilla derecha sobre el terreno.

También se puede utilizar el bloqueo completo del home cuando la jugada es muy cerrada. Después de tocar al corredor con la parte posterior de la mascota, debe sacarla rápidamente para evitar que caiga la bola. Debe estar atento por si el tiro es malo o no viene con tiempo, indicarle al cortador que intercepte la bola y pueda sacar out a otro corredor.

Para realizar el out forzado

Coloca ambos pies sobre la goma, para cambiar la dirección del cuerpo por la dirección del tiro. Si el desplazamiento hacia delante se realiza con el pie izquierdo, se emplea un paso adicional para tirar a primera base, colocando el pie derecho detrás del izquierdo y girando el cuerpo para completar el tiro.

Asistencias

Sin corredores en bases, asiste detrás de primera en todas las conexiones que se producen por el cuadro y en los sencillos hacia los jardines. Con corredor en primera base sí se puede producir un doble play con el batazo.

2.10. Otras jugadas fundamentales

- Bola franca.

- Base por bolas intencionales.

- Doble robo con corredores en primera y tercera.

- Corredor sorprendido entre bases.

- Ejercicios para mejorar la posición de las señas, posición para recibir con o sin corredores en bases, colocación de la mascota, y la mano limpia y el agarre de la pelota.

- Ejercicios para recibir los lanzamientos, bajos, altos, adentro y afuera.

- Ejercicios para perfeccionar la forma de bloquear los lanzamientos que pican delante del home (short bounce) y hacia los lados.

- Ejercicios para perfeccionar el tiro a todas las bases (con bateador).

- Ejercicios para perfeccionar el fildeo de los toques de bola y el tiro a las bases.

- Ejercicios para perfeccionar el fildeo de los fouls elevados.

- Ejercicios para recibir el tiro y bloquear el home.

- Ejercicios para perfeccionar la jugada del out forzado y el tiro a primera base para completar el doubleplay.

- Ejercicios para practicar la jugada de la bola franca.

- Ejercicios para practicar la jugada de la base por bolas intencional.

- Ejercicios para practicar la jugada de doble robo.

- Ejercicios para practicar la jugada del corredor sorprendido entre bases.

- Ejercicios para practicar las asistencias.

Primera base

El jugador de primera base debe tener buena estatura que le proporcione el mayor alcance posible para recibir toda clase de lances sin necesidad de quitar el pie de la almohadilla; debe ser buen fildeador, pues en esta posición es donde se realiza la mayor cantidad de outs.

Desarrollo de capacidades coordinativas, tales como agilidad y coordinación de movimientos en el trabajo de los pies, siendo la fase más importante de este jugador durante el juego.

Inteligencia y buen juicio para cuando deba interceptar un tiro de los jardineros y ejecutar el lanzamiento a la base indicada.

Rapidez y decisión para fildear los toques de bola.

Este jugador puede ser derecho o zurdo, sin embargo, los jugadores de esta posición que sean zurdos tienen algunas ventajas en determinadas jugadas defensivas, como son:

- Tocar al corredor en los virajes de lanzador.

- Para lanzar a segunda en los toques de bola que se realizan por la línea de primera base, y para iniciar la jugada de doble play por segunda base.

- Para fildear las conexiones, que en su mayoría se producen hacia la derecha de esta posición.

Los principales factores que determinan la colocación de la primera base son los siguientes:

- El estado de juego.

- El número de corredores en bases.

- El bateador que ocupa su turno al bate.

- El número de outs.

- El lanzador que se encuentra actuando.

- La profundidad en relación con la almohadilla y la separación
  de la línea de foul dependerá de las características del bateador,
  la rapidez del inicialista y el desplazamiento del defensor de la
  segunda base.

Tan pronto como se conecta la pelota por cualquiera de las otras
posiciones del cuadro, el inicialista tiene que correr rápidamente para
situarse delante de la almohadilla, con los talones separados, en contacto
con el borde delantero de la base y dispuesto a cambiar instantáneamente
de posición de acuerdo con la dirección de la pelota si el tiro es desviado.
Cuando el primera base es zurdo, en los tiros hacia el extremo izquierdo el
inicialista mantiene el contacto con la base pisando con el pie izquierdo el
borde interior de la base y dando un paso de cruce con la pierna de la mano
enguantada en dirección de la pelota; si el tiro es hacia la derecha, realiza
el cambio de pie colocándose en el extremo de la base, próximo al tiro y
llevando la pierna derecha al frente.

Si el tiro es directamente de frente, el inicialista mantiene el contacto con
la base pisando el borde delantero de la almohadilla con su pie izquierdo,
de manera que la parte interior del pie quede en dirección al terreno; el
contacto con la base se realiza antes de recibir el tiro.

El primera base derecho realiza los mismos movimientos empleando el
pie contrario.

Pasos metodológicos para la enseñanza de la defensa de la primera base

- Ejercicios para localizar y pisar la almohadilla.

- Ejercicios de imitación caminando-corriendo.

- Ejercicios para recibir diferentes tiros: altos, bajos, abiertos, de
  frente que pican en el terreno.

- Ejercicios de imitación sin la pelota y uso de la voz con la pelota.

Ejercicios de fildeo sobre bolas lanzadas:

- De frente.

- A corta distancia.

- A media distancia.

- A larga distancia.

- Hacia los lados.

- A corta distancia.

- Ejercicios para recibir los tiros abiertos abandonando la base y tocando al corredor.

- Ejercicios para pasarle la bola al lanzador que cubre primera.

- Ejercicios para iniciar y completar el doubleplay por segunda base y por el home.

- Ejercicios para realizar el fildeo de los toques de bola y tiro a las bases.

- Ejercicios para fildear los batazos cortos de elevados en todas direcciones.

- Ejercicios para tocar al corredor en las viradas del lanzador y tiros del receptor.

- Ejercicios para realizar la jugada del corredor sorprendido entre bases.

- Ejercicios para realizar la jugada de corte y tiro de relevo.

Segunda base

El jugador que se desempeñe en esta posición tiene que ser muy rápido en sus desplazamientos hacia ambos lados del terreno. Tener gran habilidad para realizar el tiro con rapidez y precisión desde cualquier posición; además de contar con un brazo poderoso, cualidad esta de gran importancia para completar el doubleplay, deshacerse rápido de la pelota con un movimiento del antebrazo y de la muñeca desde la posición en que se fildea, y es aún más importante en aquellas jugadas en las cuales no hay tiempo para componerse y realizar normalmente el tiro.

La agilidad para cubrir la almohadilla de segunda en forma agresiva, y las reacciones rápidas para utilizar el tipo de pívot adecuado en la jugada de doubleplay, son dos cualidades fundamentales que debe poseer el defensor de esta posición.

Inteligencia necesaria para anticiparse a cualquier tipo de jugada, el buen juicio para internarse en los tiros de relevo y en el fildeo de los batazos cortos de elevados detrás de primera o segunda base, complementan los requerimientos de la segunda base.

La colocación de la segunda base, al igual que en los demás jugadores de la defensiva, depende en gran parte de las características de los bateadores contrarios.

Los jugadores experimentados obtienen siempre una buena arrancada para fildear los batazos de rodados, porque conocen de antemano el lanzamiento que utiliza el lanzador y el tipo de bateador que ocupa su turno al bate; es decir, si es halador de bolas, o batea por el centro, o por el campo opuesto. Sin embargo, no se deben mover demasiado pronto para cambiar su posición, de acuerdo con las señas del receptor, para no descubrir el lanzamiento.

La segunda base debe asumir una posición baja o más o menos relajada, que le resulte cómoda y le permita mantener un buen control del cuerpo, a los efectos de obtener una arrancada rápida en cualquier dirección.

Los pies deben estar paralelos y separados aproximadamente a la anchura de los hombros, con las puntas de los pies señalando ligeramente hacia fuera para facilitar los movimientos laterales, las manos se colocan sobre las rodillas hasta el momento del lanzamiento, y después cuelgan en forma libre por dentro de las piernas, el tronco estará inclinado al frente.

Cuando se produce el lanzamiento es recomendable utilizar 1 o 2 pasos pequeños hacia delante para evitar que el peso del cuerpo se encuentre sobre los talones cuando se produce el batazo; ambas rodillas se mantienen flexionadas, y el peso del cuerpo sobre la planta de los pies. Si tiene que moverse lateralmente, se realizará un giro del cuerpo o el paso cruce, y se mantienen los brazos próximos al cuerpo.

Cuando se le parte a la bola desde esta posición agachada, gradualmente se irá levantando el cuerpo hasta llegar a la forma que se adopta para correr.

Sin corredores en bases, la colocación de la segunda base estará determinada por la fortaleza de su brazo y la rapidez del bateador, así como de las condiciones del terreno, y por supuesto la tendencia de dicho bateador a conectar por un determinado lugar del campo.

Con un corredor en primera y menos de dos outs, se adopta la posición de doubleplay, situándose a 4 ó 5 pasos más cerca del home, y 1 ó 2 más cerca de la almohadilla; de acuerdo con la distancia en que se ubique normalmente.

Esta colocación puede variar según la rapidez de la segunda base y los otros factores señalados anteriormente.

Con un corredor en segunda base o corredores en primera y segunda se requiere cuidar al corredor de segunda mediante señas con el lanzador, y en situaciones de toque de bola estar preparado para cubrir la primera y realizar el out, también se puede adoptar la posición de doubleplay cuando las posibilidades del toque sean mínimas.

A los bateadores zurdos que batean por su mano, se les debe jugar unos pasos más cerca de la primera base, y 1 m. más profundo en relación con la posición normal.

A los derechos que batean bolas hacia la izquierda con frecuencia se les puede jugar más cerca de la almohadilla y un poco más hacia delante.

Siempre que se pueda, es recomendable situarse más cerca de la almohadilla de segunda, porque es más fácil salir a fildear hacia el lado izquierdo que hacia el lado derecho, y, además, proporcionalmente se conecta un mayor número de batazos de hit por el centro del terreno que entre primera y segunda.

Un buen segunda base defensivo se anticipa a lo que los bateadores contrarios pueden hacer; conociendo las señas del receptor y siguiendo el lanzamiento para observar el contacto del bate con la pelota, le permite al fildeador reaccionar correctamente y anticiparse a la dirección del batazo de acuerdo con el ángulo en que se produzca el impacto.

Ejercicios para segunda base

- Ejercicios de imitación del fildeo de rodados.

- Sin la pelota.

- Con pelotas estáticas.

- Ejercicios de fildeo de rodados sobre pelotas lanzadas en diferentes direcciones.

- A corta distancia.

- A media distancia.

- A larga distancia.

- Ejercicios de fildeo de rodados sobre pelotas fongueadas.

- De frente

- A ambos lados

- Ejercicios de fildeo de rodados en todas direcciones con tiro a primera base.

- Ejercicios para fildear rodados lentos.

- Ejercicios para practicar las distintas formas de pasar la bola en la jugada de iniciar el doubleplay.

- Ejercicios para practicar los pivotes completando el doubleplay.

- Ejercicios para fildear los batazos cortos de elevados.

- Ejercicios para cubrir la almohadilla y tocar al corredor.

- Ejercicios para practicar la jugada del corredor sorprendido entre bases.

- Ejercicios para practicar los tiros de relevo y las jugadas de corte.

- Ejercicios para cubrir la base en las viradas.

- Ejercicios para practicar la jugada defensiva del toque de bola.

- Ejercicios para realizar asistencias.

Torpedero

El atleta que desempeña el campo corto tiene la posición defensiva más importante del cuadro.

La rapidez en los desplazamientos hacia ambos lados, la fortaleza y precisión del brazo, la agilidad para cubrir la almohadilla en las jugadas de doubleplay y la capacidad para tirar desde distintas posiciones y áreas del cuadro, estos son los primeros requisitos que debe poseer un buen torpedero.

Además, tiene que ser un jugador agresivo, capaz de salir a fildear los batazos por muy difíciles que resulten, ser inteligente y poseer buenos reflejos que le permitan percatarse y realizar la jugada que más convenga en las distintas situaciones que se le puedan presentar durante el juego.

La colocación dependerá en gran medida de las cualidades que posea el torpedero, así como de las características del bateador que se encuentra ocupando su turno al bate, de los corredores que se encuentran en las bases, situación del juego, etc.

Sin corredores en bases, el torpedero debe colocarse de acuerdo con la rapidez del bateador y sus características; si es bateador derecho que dirige la bola por su mano, debe situarse un poco más hacia el lado de tercera; con un bateador zurdo halador de bolas debe colocarse a 4 o 5 pasos más cerca de segunda, y con corredores rápidos debe moverse 2 pasos hacia delante. Con un corredor en primera base en situaciones de doubleplay o de toque de bola se sitúa entre 3 y 5 pasos más cerca del home, con una separación de la almohadilla que le permita llegar a tiempo para realizar la jugada.

En situaciones de toque de bola, con corredores en primera y segunda sin outs, es necesario moverse hacia delante y colocarse detrás del corredor, sin dejar demasiado vulnerable la posición de fildeo; el objetivo de esta colocación es mantener al corredor lo más próximo posible a la almohadilla de segunda, para evitar que obtenga demasiada ventaja.

Con corredores en primera y tercera, en situaciones de doble robo, el torpedero, cuando le corresponda cubrir, debe moverse después que el lanzamiento haya pasado al bateador, para colocarse a una distancia aproximada de 1 paso delante de la almohadilla de segunda; desde allí observa las intenciones del corredor de tercera, si dicho corredor sale hacia el home, el torpedero avanza para cortar el tiro y devolver rápidamente la pelota al receptor; si el corredor decide quedarse se recibe el tiro y da 1 paso hacia atrás para tocar al jugador que viene desde primera.

Se puede usar otro método defensivo en esta jugada de doble robo cuando se utiliza la bola franca, en el cual el torpedero se sitúa a mitad de la distancia entre el montículo y la almohadilla de segunda; si el corredor de tercera sale hacia home, el torpedero intercepta el tiro, y si dicho corredor se queda en la base se deja pasar la bola para que la reciba la segunda base que se encuentra cubriendo la almohadilla.

En estas jugadas la anotación del juego determina cuándo se debe intentar el out en una base o en otra.

En las situaciones de "bateo y corrido", o robo simple de bases, el primer movimiento del torpedero para cubrir la base será arrancar en dirección a la almohadilla sin esperar que el lanzamiento haya pasado al bateador, porque se corre el riesgo de llegar tarde a la base o recibir el tiro precipitadamente con malos resultados; también resulta un poco más difícil para el receptor tirar con precisión si el fildeador se está moviendo y llega tarde para recibir el tiro.

Para fildear los batazos de rodados, antes de producirse el lanzamiento, el torpedero se coloca con los pies separados cómodamente a una distancia aproximada a la anchura de sus hombros, con las puntas de los pies señalando ligeramente hacia afuera para facilitar los desplazamientos laterales; el tronco algo inclinado, las piernas y las caderas se flexionan, las manos se colocan sobre las rodillas, con la parte superior del cuerpo descansando sobre ellas.

Cuando el lanzador se dispone a realizar su lanzamiento, se quitan las manos de las rodillas y se dejan colgando delante del cuerpo, se transfiere el peso del cuerpo hacia delante, sobre las plantas de los pies, aunque se mantienen los talones sobre el terreno; se sigue el lanzamiento desde que la pelota abandona la mano del lanzador hasta que llega al bateador, y se observa el recorrido del bate para conocer en qué ángulo se produce el contacto con la pelota.

Ejercicios para el torpedero

- Ejercicios de imitación del fildeo de rodados.

- Sin la pelota.

- Con pelotas estáticas.

Ejercicios de fildeo de rodados sobre pelotas lanzadas en diferentes direcciones:

- A corta distancia.

- A media distancia.

- A larga distancia.

Ejercicios de fildeo de rodados sobre pelotas fongueadas:

- De frente

- A ambos lados.

Ejercicios de fildeo de rodados en todas direcciones con tiro a primera base.

- Ejercicios para fildear los rodados lentos.

- Ejercicios para practicar las distintas formas de pasar la bola en el inicio del doubleplay.

- Ejercicios para practicar los pivotes completando el doubleplay.

- Ejercicios para cubrir la almohadilla y tocar al corredor.

- Ejercicios para practicar la jugada del corredor sorprendido entre bases.

- Ejercicios para practicar los tiros de relevo y las jugadas de corte.

- Ejercicios para practicar la jugada de doble robo.

- Ejercicios para practicar las viradas del lanzador.

- Ejercicios para practicar la jugada defensiva del toque de bola.

- Ejercicios para practicar las asistencias.

2.11. Fundamentos básicos para los jardineros

Cuando se defienden los jardines, hay que tener en cuenta la ficha que se utiliza para la colocación a la defensa, a nivel profesional la instrucción es por el intercom o dispositivo electrónico que lleva uno de los jardineros, igual que el receptor y el lanzador, quienes se comunican entre sí.

Otras habilidades que deben desarrollarse y tomar muy en cuenta:

- Anticiparse a la jugada.

- Medir la distancia, desde donde nos colocamos hasta la tercera.

- Analizar las posibles situaciones que puedan ocurrir durante el juego.

- Tener presente cualquier obstáculo que exista dentro o alrededor del terreno.

- Cómo está el equipo en la pizarra, en carreras a favor y en contra.

- Corredores en bases y su velocidad promedio.

- Dirección del viento.

- Posición del sol y cuántos outs o jugadores fuera hay en la entrada.

- El tiro del jardinero debe ser siempre por encima del brazo, con el agarre transversal, para que la pelota no realice variación. Cuando se realicen los tiros a tercera y home, deben ser al cortador, por si este tiene que interceptar la bola y tirar a otra base.

- Se debe asistir detrás de las bases cuando haya jugada en las mismas, y cuando hay una conexión de elevados entre jugares de cuadro y jardineros estos últimos tienen prioridad cuando piden la bola de forma insistente porque se desplazan de frente.

La postura más apropiada que deben adoptar debe ser cómoda.

Tronco flexionado, las manos apoyadas sobre las rodillas. Para los derechos, el pie derecho ligeramente atrasado, las piernas separadas a la anchura de los hombros y la punta de los pies ligeramente hacia fuera, lo cual facilita el paso de cruce cuando existe conexión hacia los laterales.

Para fildear los batazos hacia atrás, directamente sobre su cabeza, debe girar cn dirccción a la pelota, efectuar un pívot y dar un paso directamente hacia atrás, correr fuerte y observar la bola por encima del hombro una o dos veces a medida que se desplaza.

Ejercicios para los jardineros

1- Ejercicios para fildear los batazos de elevados entre la cuadra y los jardines.

2- Tiros a distancia entre 35 y 50 m. para fortalecer el brazo.

3- Ejercicios para fildear los batazos de línea.

4- Ejercicios para fildear de frente al sol utilizando el guante para bloquearlo.

5- Ejercicios para fildear los batazos próximos a la cerca.

6- Ejercicios para fildear los batazos de rodados con tiro a las bases.

7- Ejercicios para el bloqueo de la bola.

8- Ejercicios para fildear al rebote.

9- Ejercicios para practicar los tiros de relevo y al cortador.

10- Ejercicios para practicar las asistencias.

Algunas cualidades que deben tener los jardineros según su posición

Jardinero Izquierdo:

- Seguro en el fildeo de rodados.

- Brazo aceptable.

- Que sea derecho.

- Agresivo para fildear líneas que se muevan hacia la línea de foul.

Jardinero central:

- Velocidad en piernas.

- Buen brazo.

- Dominio del guante.

- Buen desplazamiento.

- Buen sentido del juego.

Jardinero derecho:

- Potente brazo.

- Buen fildeador para los lados, bolas rebotadas en la pared de los laterales, y atrás.

- Si es zurdo es mejor, por tener el guante del lado derecho del terreno.

2.12. Medidas del terreno para jugar béisbol, y estructura

Aunque nuestros jóvenes improvisan cualquier terreno para jugar el béisbol, existen medidas estándar en los campos utilizados para esta disciplina. La distancia que debe haber entre una base y otra cuando se diseña un terreno formal, es de 90 pies, y la distancia del home play a las vallas o pared de los jardines va a depender de la disponibilidad de terreno; por lo general en el béisbol profesional el mínimo de distancia es de 350 pies por las rayas del jardín izquierdo y el derecho, y 385 pies por el jardín central, puede que en algunos plays una de estas rayas tenga menos distancia por no disponer de espacio donde se construyó el parque, nuestro parque o Estadio Quisqueya Juan Marichal mide por el center field o jardín central 411 pies, y 385 por los jardines izquierdo y derecho.

HOME: Lugar donde se para el bateador y donde se posiciona el receptor o cátcher, es un pentágono irregular de goma de 17 pulgadas, con dos lados adyacentes de 8-1/2 pulgadas (21,6 cm.) y dos lados coincidentes con las líneas de foul de 12 pulgadas (30,48 cm.), que se define en el libro de reglas como un pie cuadrado "con dos ángulos rellenos".

MONTÍCULO: Es el lugar donde se posiciona el lanzador, y es una lomita o elevación por encima del terreno que hace que este se vea más alto que los jugadores normales cuando está accionando.

La parte superior de la goma no debe superar las diez pulgadas (25,4 cm.) por encima del home en elevación. Desde 1903 hasta 1968, este límite de altura era de 15 pulgadas, pero a menudo era ligeramente más alto, a veces tan alto como 20 pulgadas (50,8 cm.).

En el montículo hay un trozo de goma blanca llamada el plato del lanzador, o comúnmente la goma, de seis pulgadas (15 cm.) de profundidad y dos pies (61 cm.) de ancho, la distancia de la goma a la parte anterior del home es exactamente sesenta pies seis pulgadas (18,4 m.).

Esta peculiar distancia fue fijada por los hacedores de las reglas en1893, no debido a un error sino a propósito.

En un campo de béisbol, el montículo del lanzador es una sección localizada en el medio del diamante, donde el lanzador se ubica cuando realiza la mecánica del lanzamiento.

Los terrenos son habilitados con tierra especial en las bases y el montículo, para que cuando llueva no se haga fango o lodo, la tierra utilizada es la denominada tierra de mina, que no es arcillosa y hace que en tiempo de lluvia se seque de inmediato, también se utiliza tierra suave para las bases, para evitar lesiones cuando un corredor se desliza o se barre en una de ellas.

LA MEDIA LUNA: En béisbol es un corte que se le hace a la grama interior del diamante o cuadro donde interactúan los defensores más cercanos al bateador, que consiste en dejar limpio el lugar por donde debe correr el bateador, y donde se fildea o apara la bola cuando es conectada, a veces hay estadios o plays de béisbol que no tienen grama en su cuadro interior; en los estadios profesionales, cuando el terreno carece de grama, le instalan grama sintética o de goma, que tiene un parecido a la grama natural, y para la que se usa un calzado especial para evitar daños.

CUEVAS O DOGOUTS: Son los lugares dentro del terreno en los laterales del play donde deben estar los jugadores cuando están a la ofensiva o bateando, un árbitro o umpire puede cantar out a un bateador-jugador cuando en una jugada cerca de la cueva un jugador de la ofensiva hace contacto con la bola o el defensor, en los estadios profesionales existen los camerinos, los cuales, además de sus baños, tienen salones de reunión, de masaje, oficinas y closet o lookers para la ropa de los jugadores.

LAS RAYAS O LÍNEAS DIVISORIAS: Son las que determinan las medidas del cuadro interior en un campo de béisbol, son marcadas con cal blanca utilizando hilos que van desde el centro del home hasta las bases y la pared que limita el campo de juego, y son remarcadas cada vez que inicia un partido, el cuadro interior por donde va la media luna es acondicionada antes de cada juego utilizando rastrillos y escobillones. En las grandes ligas o béisbol profesional, a mitad de juego se le da mantenimiento para evitar que la bola dé malos rebotes y lesione un defensor del cuadro.

Cada terreno de juego, al ser diseñado, debe contemplar un perímetro de seguridad para evitar que los fanáticos sean golpeados, especialmente en las rayas derecha y la izquierda, dejando un espacio que se protege con una pared o verja perimetral, este espacio es área jugable para los defensores cuando fildean una bola, la cual está viva hasta llegar a dicha pared o verja.

2.13. FUNDAMENTOS GENERALES DE LA DEFENSIVA

Manejo de la pelota y del guante:

El agarre de la pelota se realiza colocando los dos primeros dedos sobre la parte superior de la misma, ligeramente separados sobre las costuras, en posición transversal. El dedo pulgar se sitúa directamente por debajo, y los dos restantes se colocan en la parte inferior externa.

El agarre no debe ser demasiado fuerte y no se debe pegar la pelota a la palma de la mano.

El guante tiene que llegar a ser de fácil dominio por el jugador a la defensa. Para recibir los tiros por encima del nivel de la cintura, las puntas de los dedos deben estar dirigidas hacia arriba; lo contrario sucederá cuando la pelota viene de la cintura hacia abajo; en tal caso, la punta de los dedos se dirigirá hacia abajo.

En cualquiera de estas dos situaciones, el guante debe estar bien abierto, hasta que la pelota se introduzca en el mismo, siempre procurando que haga contacto en el espacio comprendido entre los dedos índice y pulgar, próximo a la palma de la mano.

2.14. Fundamentos para efectuar

El tiro por encima del brazo

- El fildeador tiene que dominar el agarre de la bola, sin tener que mirarla cuando la saca del guante.

- Los dos primeros dedos se extienden a través de las costuras y se mantienen separados a una distancia de media o tres cuartos de pulgada.

- El dedo pulgar, ligeramente doblado en la articulación más próxima a la uña, se coloca directamente por debajo de la pelota.

- Para realizar el tiro, el fildeador transfiere todo el peso del cuerpo hacia su pie derecho (en el caso de los jugadores derechos, para los zurdos sería lo contrario) y pivotea, haciendo girar el cuerpo de manera que el hombro izquierdo quede en dirección al objetivo. Con el giro del cuerpo la bola se saca del guante y se flexiona la muñeca hacia abajo; el brazo inicia su movimiento hacia atrás:

- El brazo se lleva directamente hacia atrás.

- El codo se lleva al mismo nivel del hombro, o un poco más arriba del mismo.

- El antebrazo se coloca casi perpendicular al bazo, formando un ángulo de aproximadamente 90°.

- La parte superior de la muñeca y de la mano quedan hacia arriba.

- Se abren las caderas, y la pierna que se utiliza para dar el paso se apoya flexionada al nivel de la rodilla, en dirección hacia el lugar del tiro.

- Cuando el brazo inicia su movimiento hacia delante:

- La mano, la muñeca y el antebrazo realizan un giro y se dejan caer hacia atrás, de manera que el codo pueda adelantarse para dirigir el tiro.

- Se realiza un movimiento rápido y enérgico de la muñeca hacia delante y hacia abajo.

- La bola sale de la mano del fildeador por la punta de los dos primeros dedos.

- Se deja que el brazo termine el movimiento describiendo un arco, se flexiona la espalda hacia delante y se trae el pie del pivote, a una posición casi paralela al pie con el cual se dio el paso.

- Durante el movimiento de tirar, la vista del jugador permanece en el objetivo.

- Los jugadores principiantes deben concentrarse en perfeccionar el tiro por encima del brazo. Los tiros por tres cuartos y por el lado del brazo, pueden ser desarrollados fácilmente una vez que los movimientos básicos hayan sido dominados.

2.15. Fundamentos para recibir los tiros

Se sigue el recorrido de la pelota hasta que penetre en el guante, los brazos retroceden para amortiguar el golpe.

Los tiros altos: se colocan las dos manos con los dedos extendidos arriba y los pulgares unidos.

Los tiros bajos: se colocan las manos con los dedos hacia abajo y los meñiques unidos. La bola se debe recibir con las dos manos. Cuando ocurren tiros desviados se emplean los desplazamientos, y generalmente se utiliza una sola mano.

En tiros cortos: colocar el cuerpo de frente a la pelota, el guante bien abierto, y se trata de levantar la bola bien delante del cuerpo cubriéndola con la mano limpia.

Cuando el **rebote de la bola es largo** se utiliza un paso atrás con los codos pegados al cuerpo, podemos bloquear la bola cuando es demasiado dura, dejando caer la rodilla del lado de tirar, o ambas. Siempre que sea posible debemos colocarnos detrás de la pelota y ejecutar el fildeo con ambas manos.

2.16. Fundamentos para recibir los batazos elevados

Se debe realizar con dos manos.

Colocarse con la mayor rapidez debajo de la pelota y calcular los pasos solo si hay que tirar a alguna base.

Si el fildeo es por encima, podemos unir los dedos pulgares, si es por debajo de la cintura podemos unir los meñiques.

Manos y brazos relajados, dejando que retrocedan ligeramente cuando la pelota cae en el guante y se trata de fildear próximo al lado de tirar.

Si el fildeo es hacia delante, avanzamos en dirección de la pelota con cualquiera de los dos pies.

Si es hacia los lados, se emplea el paso de cruce, haciendo un giro sobre el pie más próximo a la pelota y cruzando la pierna más alejada de la bola, por delante de la que está apoyada.

Se corre sobre la punta de los pies, porque la pelota baila en el aire si se corre apoyando los talones.

Para fildear hacia atrás se realiza un pivote sobre el pie más cercano a la pelota y se completa el giro dejando caer el pie contrario que inicia el paso en dirección a la pelota, se vira de espalda y sigue el recorrido por encima del hombro correspondiente.

En los batazos de línea, se fildea demorándose un instante para determinar si se retrocede o se parte hacia delante.

2.17.-FUNDAMENTOS PARA RECIBIR LOS BATAZOS DE RODADOS

Posición preparatoria antes del lanzamiento

Pies paralelos, con las puntas indicando ligeramente hacia fuera y el peso del cuerpo repartido equitativamente sobre la planta de ambos pies.

Piernas separadas a la anchura de los hombros y semiflexionadas.

Tronco ligeramente inclinado al frente. Las manos sobre las rodillas.

La vista en dirección al lanzador, o hacia el frente.

Durante el lanzamiento

Se transfiere el peso del cuerpo hacia la punta de los pies o metatarsos (pueden darse pequeños pasitos con el objetivo de romper la inercia).

Se aumenta la flexión de las rodillas, haciendo que baje el centro de gravedad. Los brazos caen relajadamente por delante del cuerpo, y el guante y la mano libre rozan ligeramente el suelo.

La vista se dirige al bateador.

En el momento del rodados:

- Si es de frente:

• Nos desplazamos en dirección a la pelota manteniendo la cacera baja.

• Abrimos bien el guante hasta que la pelota entre en él, debemos mantener los pies paralelos, los brazos relajados por delante del cuerpo, y con la mano libre asegurando la bola, con la palma hacia abajo en forma de tapa.

- Se amortigua el fildeo con retroceso del guante hacia el cuerpo, y a favor del pie de la mano de tirar.

- La vista sobre la pelota.

- Se realiza el tiro desde el lugar donde se capturó la bola, haciendo un movimiento de impulso con el pie contrario al brazo de tirar.

- Se debe mantener la vista en la pelota.

-Si es hacia los lados:

- Se realiza un giro en dirección hacia la pelota y se utiliza el paso de cruce con la pierna más alejada a la pelota, nos desplazamos hasta colocarnos de frente a la bola.

Cuando no se puede fildear con seguridad por ser un batazo difícil, se apoya la rodilla del brazo de tirar en el terreno, y el guante se coloca en el espacio que queda entre ambas piernas.

Es importante siempre anticiparse a la jugada y saber por adelantado lo que hay que hacer, en el caso que la conexión del batazo sea por el lugar que se está defendiendo.

2.18. Fundamentos para tirar a las bases

Para los jugadores de cuadro después de realizar el fildeo, deben mirar hacia donde dirigen el tiro, es recomendable tirar por encima del brazo, aunque también se utilice el tiro a tres cuartos. Cuando tiramos por el lado del brazo es porque no queremos mantener retenida la pelota, y la distancia es corta.

El tiro por debajo del brazo lo utilizamos mayormente en jugadas de double play, con rodados lentos, toques de bola, y para pasarle la bola al lanzador cuando estamos cerca y este ha ido a cubrir la primera base. Generalmente el receptor tira por encima del brazo.

2.19. Fundamentos básicos

para los jugadores de cuadro

Si se tiene en cuenta que estadísticamente los jugadores de cuadro participan en más de un 50 por ciento de las jugadas durante el juego, se puede afirmar que constituyen un baluarte para asegurar una victoria.

Los que actúan con mayor frecuencia son los que se encuentran en el centro del terreno, y entre ellos el torpedero, que interviene en el mayor número de lances.

En sentido general los jugadores de cuadro deben tener presentes los siguientes aspectos antes de realizar el fildeo:

Conocer que existen tres posiciones básicas que pueden asumir:

Posición profunda: jugar bien atrás.

Posición cerrada o jugar adentro.

Posición a medio cuadro, tocando la grama interna o en la línea entre las bases.

La colocación que se asume en el cuadro puede variar atendiendo a:

Características del bateador.

Situación de juego.

Corredores en circulación y su ubicación con respecto al sol.

Tipo de lanzador.

Cualidades y funciones de los jugadores de cuadro

Un jugador del cuadro interior por lo general es un jugador que domina los fundamentos y puede aparar rodados con facilidad y tirar rápido y certero de frente, de lado y cruzado cuando hay que hacer doble play, o sacar a un corredor a una de las bases más lejanas a su posición.

Muchos de estos jugadores del cuadro interior reciben la función de capitanes de equipos si tienen liderazgo y dominan los aspectos más importantes del juego, en este rol el jugador reclama jugadas a los árbitros y transmite señas que vienen desde la dirección que está en la cueva o dogout de su equipo.

Los jugadores de cuadro deben tener resistencia y jugar utilizando la retina de sus ojos, o estar atentos en un segundo plano para desactivar estrategias del contrario, o ver cuando se produce un movimiento de robo de base o toque de bola.

El jugador de cuadro debe ser experto en evasión de choques por los constantes contactos con los jugadores que se deslizan en las bases, por lo que, a diferencia de los que juegan en los jardines, están expuestos a lesiones por los jugadores-corredores a la ofensiva.

2.20.　EJERCICIOS FUNDAMENTALES POR POSICIÓN

Tercera base

El tercera base tiene que ser muy rápido en sus acciones reflejas, tener agilidad y rapidez en las manos para poder fildear todos los batazos que estén a su alcance, así como un brazo poderoso que le permita realizar el tiro desde distintas posiciones a todo lo largo del cuadro, tiene que ser un fildeador agresivo, dispuesto a bloquear con el cuerpo los batazos duros conectados por su posición que no pueden ser fildeados limpiamente, y tener la agilidad necesaria para recuperar a tiempo la pelota y realizar el *out* sobre el bateador en primera base.

Para el desempeño de esta posición se requiere un tipo de jugador que sea capaz de fildear los *rodados* en todas direcciones, especialmente los batazos lentos delante del *home* y los toques de bola por el área de tercera base.

La colocación de la tercera base depende fundamentalmente de las características del bateador que ocupa su turno al bate, por ejemplo, si es halador de bolas o batea por el campo opuesto, si es rápido corriendo y le gusta tocar, o es un bateador de fuerza y es lento de *home* a primera, la situación del juego, etcétera.

Con un bateador derecho que dirija la bola por su mano se sitúa profundo y un poco más cerca de la línea de *foul,* si batea por el centro o por el campo opuesto se separa de la almohadilla para cubrir el hueco entre la tercera y el torpedero, sin embargo, es muy importante considerar también la entrada que se está jugando, el número de *outs* y el conteo de bolas y *strikes* sobre el bateador.

En situaciones de toque de bola, con la primera base ocupada, se coloca sobre el borde de la hierba, y cuando observa que el bateador ha dejado caer el bate o desliza la mano hacia arriba para situarla en la posición de tocar, corre rápidamente en dirección al *home;* el tercera base tiene que conocer la habilidad del lanzador para fildear los toques de bola, la rapidez del corredor embasado y la dureza del toque, antes de intentar el *out* en segunda o decidirse por la jugada en primera base.

Con corredores en primera y segunda en situaciones de toque de bola, se le presenta a la tercera base una de las jugadas más difíciles de realizar, ya que tendrá que determinar si el lanzador puede fildear el toque para poder regresar a la almohadilla y realizar el *out,* o salir a buscar la bola para retirar al bateador-corredor en primera base.

En las situaciones de *doubleplay* en las cuales se requiere una mayor rapidez para completar la jugada, la tercera base se coloca sobre la línea imaginaria entre tercera y segunda, teniendo presente que el mayor por ciento de los batazos de *rodados* se conectan por su lado izquierdo; cuando el torpedero se sitúa más cerca de la almohadilla de segunda, la tercera base se separa un poco más de la línea. Es necesario tener presente que en los finales de un juego cerrado hay que proteger la línea, situándose más cerca de la raya de *foul* para evitar un posible extrabase; a los efectos de impedir la anotación del corredor de tercera con un batazo de *rodados,* hay que colocarse sobre el borde interior de la hierba.

Para fildear los batazos de rodados la tercera base tiene que adoptar una posición semiagachada, con las piernas separadas a la anchura de los hombros; las rodillas se mantienen ligeramente flexionadas para facilitar los desplazamientos rápidos que se requieren realizar para salir de esta posición hacia la izquierda, a la derecha o hacia delante. Cuando el lanzador se dispone a realizar su lanzamiento, la tercera base se mueve medio paso hacia delante porque es más fácil controlar el cuerpo en movimiento, que permanece en una posición estática; los brazos permanecen sueltos delante del cuerpo con la mano del guante próxima al terreno, ya que es más cómodo levantar los brazos para fildear un *rodados* que bajarlos cuando viene la pelota.

Ejercicios para tercera base

Ejercicios de imitación del fildeo de rodados:

-Sin la pelota.

-Con pelotas estáticas.

Ejercicios de fildeo de rodados sobre pelotas lanzadas en diferentes direcciones:

-A corta distancia.

-A media distancia.

-A larga distancia.

Ejercicios de fildeo de rodados sobre pelotas fongueadas:

-De frente

-A ambos lados

Ejercicios para el fildeo de rodados hacia todas direcciones con tiro a primera base.

Ejercicios para el bloqueo de los batazos duros de rodados.

Ejercicios de fildeo para iniciar el doubleplay por segunda base.

Ejercicios de fildeo de rodados lentos.

Ejercicios para fildear los toques de bola: con dos manos, con la mano del guante y a mano limpia.

Ejercicios para fildear los batazos cortos de elevados en todas direcciones.

Ejercicios con el receptor para practicar la jugada de bola franca y tocar al corredor.

Ejercicios para practicar las jugadas de corte y las asistencias.

Ejercicios para practicar la jugada defensiva cuando un corredor es sorprendido.

Ejercicios para practicar las jugadas de robo simple, doble robo y robo demorado.

2.21. FUNDAMENTOS BÁSICOS A LA OfENSIVA

Selección y agarre del bate

Cada jugador decide qué tipo de bate es el más apropiado para él, que lo sienta cómodo en sus manos y lo pueda utilizar según su estilo particular de bateo. Con un bate con el cual se pueda acelerar el swing y considerar aceptable la superficie para hacer contacto con la pelota, se maneja el criterio del bateador para seleccionarlo.

El bate se sostiene principalmente con los dedos. La mayoría de los bateadores alinean los nudillos del medio de la mano que se coloca arriba en alguna parte entre los nudillos de la base y del medio de la mano de abajo, esto proporciona un buen rompimiento de muñecas para completar el swing. Mientras se espera el lanzamiento en la posición más relajada posible, el bateador debe mantener un agarre firme con la mano de abajo y suelto con la de arriba, y después de realizar el movimiento para sacar el bate, debe apretarlo con las dos manos.

Colocación de las manos

Según el bateador, puede ser a todo lo largo, un poquito separado del mango y un agarre más corto. Se recomienda mantener el bate a la altura del pecho, por ser el límite de la zona de strike y poder determinar la zona por donde pasa la bola. Se mantiene el bate en un ángulo aproximado a la mitad de la distancia entre la posición horizontal, la posición hacia arriba y detrás de la pierna posterior, aunque la forma de sostener el bate depende del bateador.

Ubicación en la caja de bateo

Se puede colocar en la parte posterior cuando el lanzador es de lanzamientos muy rápidos, y en la delantera cuando el lanzador emplea mucho la curva y los cambios.

En la primera tendrá más tiempo para hacer el swing, en la segunda porque puede conectar el lanzamiento antes de que rompa.

Tocando la esquina de afuera con el bate, puede apreciar si está bien o no en su colocación.

Los pies se mantienen separados a la anchura de los hombros o un poco más.

En posición cerrada, el pie delantero se coloca mucho más cerca del home, y en posición abierta lo contrario, cuando el pie posterior está más cerca del home.

Lo más importante en este caso es la dirección del hombro delantero y del paso durante el swing.

Ligera flexión de las piernas, y se bajan un poco las caderas con movimiento de péndulo hacia atrás, el peso del cuerpo hacia atrás y en la punta de los pies.

Pequeña flexión del tronco en dirección al home, y ligera torsión para que el hombro delantero gire hacia adentro y algo más bajo que el hombro posterior.

Las manos sostienen el bate separadas del cuerpo, la barbilla casi pegada al hombro delantero, y la vista se mantiene sobre la pelota.

Swing para batear

El swing debe ser en dependencia a la dirección del lanzamiento.

Se deben tener los brazos separados del cuerpo y completamente extendidos cuando se produce el contacto con la pelota y se completa el movimiento.

Se debe conectar la bola delante del home formando un ángulo recto antes de romper las muñecas, no se deben abrir demasiado pronto los hombros ni se puede voltear la cabeza, porque abre el hombro delantero.

Se debe utilizar el brazo delantero correctamente, porque es quien saca el bate y dirige el swing hacia el lanzamiento.

Se debe tratar de chocar la bola, no tirarle demasiado duro, ya que mientras más corto y compacto sea el swing mejor será la oportunidad de hacer contacto con la bola.

Conocimiento de la zona de strike

El bateador, cuando se encuentra en conteo favorable, debe tratar de batear los lanzamientos que resulten buenos.

Cuando tiene dos strikes debe ampliar la zona, teniendo en cuenta que la zona es el espacio sobre el home entre las axilas y la parte superior de las rodillas.

No se le debe dar ventajas al lanzador tirándole a los lanzamientos malos.

Ejercicios para mejorar el bateo

- Ejercicios para realizar el swing de acuerdo con la dirección del lanzamiento.

- Ejercicios para extender los brazos con el contacto de la bola.

- Ejercicios para la rotación de las caderas.

- Ejercicios para tirarle a la bola sin mover la cabeza, manteniendo la vista en la pelota.

- Ejercicios para perfeccionar el rompimiento de las muñecas y la terminación del movimiento.

- Ejercicios para perfeccionar el swing, pasando el bate a nivel.

- Ejercicios en el soporte de bateo para perfeccionar el swing.

- Ejercicios de bateo a corta distancia (pepper game).

- Ejercicios para perfeccionar el bateo hacia el campo opuesto.

- Ejercicios para practicar la jugada de bateo y corrido.

- Ejercicios para practicar la jugada del toque de bola de sacrificio.

- Ejercicios para practicar el toque de bola por sorpresa.

- Ejercicios para practicar el toque empujando la bola.

- Ejercicios para practicar la jugada de squeeze play.

- Ejercicios para practicar la jugada de enseñar el bate para tocar y luego cambiar para batear largo y tirar la bola hacia los jardines.

- Ejercicios para practicar la jugada del toque de bola con robo de bases.

-   Ejercicios para practicar el bateo las curvas y otros tipos de lanzamientos.

Toque de bola

Existen varios tipos de toques de bola:

Toque de sacrificio: para avanzar a un corredor o corredores.

Toque de sorpresa: para llegar a la primera base.

Squeeze play: para conseguir la anotación de una carrera.

Toque empujando o llevándose la bola: crea indecisión y confusión en la defensa.

Toque con robo de base: el bateador protege al corredor.

Amagar el toque y batear duro: coge movida a la defensa.

El toque de sacrificio desde la posición normal se realiza con un cuarto de giro en dirección del lanzador sobre la planta de ambos pies y el cuerpo queda de frente al lanzamiento, la pierna posterior debe flexionarse más que la delantera, se desliza la mano de arriba a lo largo del bate hasta llegar al sello de la marca de fábrica colocando los dedos casi completamente alrededor de este, el antebrazo izquierdo en bateadores derechos debe estar en nivel horizontal, en línea con el bate, se sostiene al mismo nivel del límite superior de la zona a la altura de las axilas.

El bateador debe permitir que el lanzamiento choque con el bate, no se hala el bate hacia atrás cuando se aproxima la pelota.

También se puede colocar completamente de frente al lanzador, es decir, los dos pies paralelos.

El toque por sorpresa se realiza en la misma forma que el de sacrificio, con la excepción de que se ejecuta más rápido y con mayor engaño.

El bateador no descubre sus intenciones de tocar la bola. Cuando el lanzador está próximo a soltar la bola, el bateador realiza el giro del cuerpo para colocarse en posición, trata de dirigir la bola hacia la línea de primera o tercera.

Técnica para correr desde el home

El jugador debe correr sobre el metatarso, manteniendo la cabeza elevada de manera que pueda ver la jugada, tiene que usar un movimiento de elevación de las rodillas utilizando al máximo el despegue de la pierna posterior.

Todos sus movimientos tienen que ser hacia delante, el cuerpo ligeramente flexionado, sin ladearse, y comprobando que cada pie está cayendo delante de su nariz, la barbilla se mantiene hacia arriba y la vista sobre la base que trata de alcanzar. Los brazos flexionados oscilando a los lados del cuerpo.

Al hacer contacto con la pelota se da el primer paso hacia primera base con el pie posterior. No debe mirar la bola, enfocando la vista hacia la almohadilla.

Cuando se aproxima a dicha base se mira al asistente, si este realiza círculos con el brazo izquierdo significa que hay que correr fuerte en línea recta y llegar a la base antes que el tiro; cuando hace círculos con el brazo izquierdo y señalando hacia segunda base con la mano derecha, significa doblar rápido en primera y localizar la bola, y cuando coloca las palmas hacia abajo, indica un deslizamiento para evitar ser tocado por el inicialista que abandona la base por tiro desviado. No se debe saltar en el último paso.

Cuando el batazo sobrepasa el cuadro, debe desviarse por fuera de la línea de foul, de forma tal que pueda doblar a toda velocidad y continuar en línea recta hacia segunda base. Se debe pisar la esquina interior de la base sin alterar el ritmo de los pasos.

En los batazos conectados hacia el jardín izquierdo y central, el jugador se guía por su propio juicio, los conectados hacia el jardín derecho el asistente le indicará que regrese si el intento no va a tener éxito.

Para correr desde primera base

La distancia que pueda adelantar el corredor de primera base dependerá de su rapidez y situación del juego, ser estudiosos de las distintas formas de lanzar, ejemplo: el movimiento o avance de los hombros, los zurdos cuando van a lanzar elevan más la pierna delantera de distinta forma que cuando se viran, cuando sacan la bola del guante.

El avance se debe realizar con cuidado y no tan rápido porque se coge fuera de balance, avanzar en línea recta a segunda base, tronco flexionado, brazos relajados delante del cuerpo, piernas semiflexionadas, pies separados aproximadamente 46 cm., la vista todo el tiempo en el lanzador.

Con menos de dos outs, el corredor debe:

- Deslizarse en segunda base en cualquier batazo de rodados para romper el doubleplay.

- Detenerse entre segunda y primera si el batazo de rodados se fildea en la línea del corredor, para obligar a la segunda base a realizar el doubleplay a la inversa.

- Situarse sobre la almohadilla para realizar el intento de pisa y corre en todos los batazos de elevados en zona foul.

- Realizar pisa y corre en todos los batazos de elevados profundos, apreciando que el jardinero puede fildear la bola.

- Separarse de la almohadilla como sea posible en los batazos de elevados dudosos.

- Correr en todos los batazos que se conecten con dos outs.

Para correr desde segunda

Debe ser un poco más largo el adelantado que el que se utiliza en primera.

Cuando se produce conexión por el lado derecho del jugador, debe esperar a que se interne en los jardines, siempre que se produzca rodados hacia su izquierda, el corredor va hacia tercera base.

Se puede realizar el pisa y corre en batazos de elevados hacia el campo derecho, y mucho más cuando el jugador a la defensa se mueve hacia su lado izquierdo y tira a la derecha.

Técnica para salir al robo de segunda base

Se sale al robo cuando el lanzador comienza sus movimientos para lanzar hacia el home.

Se realiza un pívot con el pie derecho, un paso de cruce con el izquierdo, adelantando el peso del cuerpo.

Con menos de dos outs el corredor de segunda debe:

Si la primera está desocupada, detenerse en los batazos de rodados directamente de frente o hacia su lado derecho.

Avanzar hacia tercera base en los batazos de rodados por el lado izquierdo del torpedero, o más allá del centro del terreno.

Situarse sobre la almohadilla en todos los batazos de elevados en territorio foul, realizar pisa y corre con batazos de elevados profundos.

Separase tan lejos como sea posible en batazos de elevados dudosos: pueden ser cortos o profundos; con dos outs correr con todos los batazos.

Técnica para correr desde tercera base

Se adelanta por fuera de la línea de foul para no ser golpeado por la bola en territorio bueno y ser declarado out por regla. Se emplea el método de adelantar caminando en dirección al home cuando el lanzador adopta la posición de frente, e inicia los movimientos. Cuando el receptor recibe la bola, se regresa a la base por dentro de la raya de foul para obstruir la vista del receptor.

Con menos de dos outs, el corredor de tercera debe:

Detenerse si conectan un batazo de rodados con el cuadro cerrado.

Tratar de anotar en todos los batazos de rodados que pasen al lanzador cuando la defensa está por detrás.

Tratar de anotar sin tener en cuenta la colocación del cuadro, cuando se encuentre un corredor en primera base para evitar el doubleplay.

Situarse en la almohadilla en todos los batazos de elevados en zona foul.

Efectuar el pisa y corre manteniendo el pie izquierdo sobre el borde de la almohadilla y el peso del cuerpo sobre la pierna delantera.

Con dos outs el corredor debe

Detenerse cuando el intento de anotación puede proporcionar una jugada más ffácil en home que sobre el bateador-corredor en primera base

Cualquiera que se encuentre cerca del área del home le debe indicar al corredor si tiene que deslizarse, indicándole con las palmas de las manos hacia abajo. Con los brazos al frente y las palmas de las manos de frente si quiere que llegue parado sin riesgo.

El corredor menos adelantado siempre debe estar atento a lo que hace el que se encuentra delante de él, no solamente para evitar la posibilidad de pasarlo, sino también para estar preparado para el avance hacia la próxima base.

Ejercicios para los corredores

- Ejercicios para practicar las arrancadas desde home a primera base.

- Ejercicios para doblar en primera base y regresar a la almohadilla.

- Ejercicios para adelante y regresar a la base.

1-*Explique cómo debe ser el agarre de la pelota de béisbol según este manual* ____

____

____

2-*¿Cómo dice en este manual que debe agarrarse el guante para recibir los tiros de la cintura hacia abajo?*

____

____

____

 3-*¿Según el autor de este documento, cómo se pone el codo para lanzar la bola por encima del brazo?*

____

____

____

4-*Mencione 3 técnicas que dice el manual para aparar un elevados*

____

____

____

____

5- Mencione 4 fundamentos para lanzar la pelota por encima del brazo

1_______________________________   2_______________________________

3_______________________________   4_______________________________

6-¿Cuál es el primer fundamento para recibir los lanzamientos o tiros con guante?

____

____

____

7- Diga el procedimiento para recibir un batazo de línea en el outfield

____

____

____

8- Describa los fundamentos para recibir un rodados de frente

____

____

____

9- Mencione 4 ejercicios básicos para el proceso de enseñanza para jugar la primera base

1_______________________________   2_______________________________

3_______________________________   4_______________________________

10- Diga cuáles son los ejercicios para enseñar a los corredores en las bases

____

____

11- Explique cómo se hace una asistencia

____

____

12- Mencione cuáles son las otras jugadas fundamentales del juego de béisbol

____

____

13- Según usted, de los ejercicios para receptores mencione 3 básicos

____

____

14- ¿A qué altura del cuerpo recomienda este manual que se debe mantener el bate para batear?

____

____

15- ¿Cómo debe ser la posición de los pies delante del home para batear según el manual?

____

____

Define (10 puntos)

Define brevemente cada pregunta: (1 Punto c/u)

1- ¿A qué civilizaciones se le atribuye el juego con pelotas en la antigüedad? ¿En qué obra se menciona a la reina Nausica jugando con pelotas con sus doncellas?

2- ¿Cómo se llamaba el juego que jugaban en Cuba los indios con pelotas de resina?

3- ¿En qué fecha se sustituyen las estacas por piedras planas que existían como bases en el béisbol de los Estados Unidos?

4- En el béisbol antiguo se mencionan 12 jugadores en la defensiva, ¿en qué lugar dice que se colocaban los 3 jugadores que sobrarían en el béisbol que jugamos hoy?

5- Mencione 4 fundamentos para lanzar la pelota por encima del brazo.

1_______________________________   2_______________________________

3_______________________________   4_______________________________

6- L¿Cuál es el primer fundamento para recibir los lanzamientos o tiros con guante?

____

____

7- Diga el procedimiento para recibir un batazo de línea en el outfield.

____

____

8- Describa los fundamentos para recibir un rodados de frente.

____

____

9- Mencione 4 ejercicios básicos para el proceso de enseñanza para jugar la primera base.

1_______________________________   2_______________________________

3_______________________________   4_______________________________

10- Diga cuáles son los ejercicios para enseñar a los corredores en las bases.

____

____

d. Ninguna es correcta.

Noemi Polanco ss. Softbol Uasd.

Pedro Gomez, Josue Polanco, Wilson Feliz, Justo Cruz, Orlando Martinez, Victor Soto.

Capítulo III. Softbol

Palabras claves: Softbol molinete, Chata modificada, Softbol universitario, ASA, ISF, ASADINA, WBSC, Juegos olímpicos, La rapidita, Softbol femenino.

3.1. Fundamentos históricos del softbol

Origen del softbol

El Softbol apareció de una forma espontánea entre amigos en Chicago en el año 1887. Uno de los chicos le tiró a otro un guante de boxeo, y éste se lo devolvió golpeándolo con el palo de una escoba.

Uno de los chicos, llamado George Hancock, tuvo la idea de jugar el béisbol bajo techo; hicieron dos equipos, dibujó el plato, el home, ató el guante como si fuese una bola y empezaron a jugar.

Se divirtieron tanto que volvieron a reunirse, y unos días más tarde Hancock ya había escrito algunas reglas especiales, y decidió darle el nombre de béisbol bajo techo. Durante el invierno se difundió mucho, y en primavera se practicó tanto en sitios cubiertos como al exterior.

También apareció en 1895, en Minneapolis, un juego parecido al que se jugaba en Chicago.

Louis Robert intentó adaptar el reglamento del béisbol dentro del cuartel de bomberos, donde trabajaba, para pasar el rato libre.

En1900, se había hecho tan popular este deporte en Minneapolis, que se formó la primera liga de Softball de los Estados Unidos.

Se hizo popular en todo el país, se crearon asociaciones, y en 1933 se le dio el nombre definitivo de Softball, y las reglas que hoy rigen este deporte.

Definición de softbol

El softbol es un juego parecido al béisbol que se juega en un terreno de dimensiones más cortas, por ser la pelota más grande, entre 2 grupos de 9 jugadores.

Aunque tiene las mismas posiciones y las mismas bases a la defensa, la verja o pared mide por lo general menos de 260 pies por el centro y menos de 250 en los laterales o áreas más cortas.

Las bases en softbol miden 60 pies entre cada una de ellas, diferenciándose de las de béisbol en 30 pies, ya que las de béisbol están a 90 pies entre cada una de ellas.

La distancia de la caja de lanzar en softbol es de 45 pies al home plate o meta, mientras que en béisbol oscilan entre 62.5 y 65 pies de distancia, dependiendo la categoría que se esté jugando, para lo cual existen distancias diferentes de acuerdo a la edad.

3.2. Softbol en República Dominicana

Softbol de alto rendimiento

Existe el softbol de alto rendimiento, que es el que se juega para participar en eventos panamericanos, centroamericanos y olímpicos, estos atletas por lo generan son reclutados a temprana edad y preparados en las instalaciones del Gran Santo Domingo por expertos softbolistas, glorias de nuestro país en esa disciplina.

En su mayoría, este personal tiene rango de altos oficiales, ya que el círculo militar posee una estructura de preparación más ordenada, por sus eventos celebrados en diferentes deportes todos los años.

Por lo general, por tener albergue y suministrar facilidades económicas y alimenticias, los nóveles prospectos del softbol son integrados a los diferentes equipos de nuestras fuerzas castrenses y de ahí pasan a formar parte de las selecciones o grupos que representan el país en softbol molinete.

SANTO DOMINGO. – En una sencilla y lucida ceremonia, el Ministro de Defensa Teniente General Carlos Luciano Díaz Morfa, ERD., inauguró la versión No. 52 de los Juegos Deportivos de las Fuerzas Armadas y la Policía Nacional, dedicado al señor Manuel A. Grullón Viñas, presidente del Grupo Popular.

https://mide.gob.do/inauguran-juegos-deportivos-militares-y-de-la-policia-2023/

Al igual que el softbol masculino, la República Dominicana tiene una selección de softbol femenino compuesta por atletas destacadas en esta disciplina, al nivel de reforzar equipos universitarios en Estados Unidos, donde son becadas, como fue el caso de Geovanny Núñez, quien realizó su carrera profesional lanzando para una universidad de la Florida.

En la República Dominicana el softbol está dirigido, a nivel de gobierno, por las asociaciones que funcionan en las provincias, las cuales celebran eventos todos los años con el objetivo de sacar las selecciones de los eventos nacionales e internacionales, cuando hay un evento se convoca a estas asociaciones a fin de hacer eliminatorias para la participación en las diferentes categorías.

Las participaciones del softbol a nivel internacional de República Dominicana son en eventos del Caribe, con frecuentes torneos a nivel de molinete en Venezuela, Colombia y los Países Bajos.

En los últimos años, la modalidad chata modificada ha tenido muchas participaciones en Colombia, debido a la apertura de un corredor turístico aperturado después de la Pandemia 2020, donde diferentes instituciones celebran eventos en ese país a nivel de esta modalidad.

A nivel olímpico, en el 2021 los seleccionados dominicanos masculino y femenino asistieron a eliminatorias para Japón a los Juegos Olímpicos celebrados en Tokio, y aunque no pudieron clasificar porque el equipo femenino no clasificó y el masculino fue sacado de los juegos, existen muchos jugadores preparados para las futuras selecciones.

Para esta participación, la República Dominicana preparó sus equipos en los terrenos del Centro Olímpico Juan Pablo Duarte, donde se preparan los atletas de alto rendimiento en softbol y béisbol.

El torneo de softbol abrió los Juegos de la XXXII Olimpiada Tokio 2020. El New York Times celebró el regreso al programa olímpico luego de 13 años.

https://www.wbsc.org/es/events/2021-softball-olympic-games/ news/tokyo-2020-olympic-baseball-and-softball-generated-global- coverage-headlines

En el 2021, pudimos celebrar el regreso del béisbol y softbol a los Juegos Olímpicos 2020 en Tokio, después de que fueran sacados de la lista de deportes, para participar en estas altas competencias del mundo.

El certamen estaba programado para el 2020, pero se celebró en el 2021 por la Pandemia Covid-19, aparentemente las dificultades para participar de muchos países por ser estos dos deportes muy costosos y de movilización de un gran personal, se tomó la decisión 13 años antes de sacarlos, y fueron posteriormente reintegrados por la gran pasión que causan entre la población, en especial el béisbol.

Calendario de equipos de diferentes países que vieron acción en los Juegos Olímpicos Tokio 2020 en softbol femenino:

Posiciones equipos en la categoría softbol femenino tokio 2020:

El softbol en los Juegos Olímpicos de Tokio 2020 se realizó en el Estadio de Yokohama de Béisbol de la ciudad de Yokohama, y en el Estadio de

Béisbol de Fukushima Azuma de la ciudad de Fukushima, del 21 de julio al 27 de julio de 2021.1

3.3. Softbol universitario República Dominicana

En las diferentes universidades existen equipos de softbol, tanto en las de la ciudad capital como en las universidades de los pueblos las universidades que tienen extensiones hacen sus torneos internos y sacan un seleccionado para participar en los juegos universitarios a nivel nacional e internacional que organizan las diferentes organizaciones universitarias, como es el CAUDO (Comité Atlético Universitario Dominicano) y la UDO (Unión de Universidades Dominicanas). Estas organizaciones tienen sus oficinas en el Ministerio de Deportes, donde se le asignó espacio al deporte universitario. Las universidades ayudan a los estudiantes con becas para que estos practiquen y formen parte del combinado universitario que los representa en eventos donde son invitados.

También algunas universidades participan en torneos nacionales de la Asociación de Softbol del Distrito Nacional (ASADINA) donde participan las ligas y equipos del distrito, y en los pueblos también estas universidades se integran a los eventos del Ministerio.

3.4. Softbol de ligas República Dominicana

El softbol, como pasatiempo en la República Dominicana, es organizado por diferentes ligas o clubes que tienen espacios para la práctica, la mayoría de estas ligas inician con el softbol chata lenta y posteriormente van apareciendo lanzadores más rápidos, y van aumentando y modificando el lanzamiento. Las ligas de los clubes, como son el Club Naco, Club Arroyo Hondo, Club Los Prados, fueron las primeras que organizaron torneos internos anualmente, y de ahí surgen otras ligas que poco a poco fueron esparciéndose por todo el distrito y ciudades.

A medida que se fueron integrando más equipos, se forman asociaciones en diferentes pueblos y el distrito, para luego hacer el torneo anual de ligas que empezó en el Centro Olímpico Juan Pablo Duarte y el play de los Astroboys de Toshiba. Cabe destacar que antes de surgir este movimiento de ligas existían equipos de softbol molinete que representaban empresas, y se hacían torneos semejantes al que hoy se celebra, pero con pocos equipos, y en la modalidad de softbol rápido (molinete y afuetea) existieron en la época de los 70 a los 90s.Entre los equipos más sonoros de la época de esos eventos rápidos podemos citar a:

SOLDADURA UNIVERSAL.

COLCHÓN KING.

ASTROBOYS.

OTROS.

También otro softbol que fue desplazado por el surgimiento de las ligas fue el softbol interbancario, que eran eventos anuales celebrados por los bancos de la República Dominicana, donde participaban los empleados de los diferentes bancos. La organización y composición de estos equipos era parecida a la que hoy hacen las universidades, que nutren sus equipos de las sucursales de los pueblos para representar su institución en los eventos capitalinos.

Las ligas, clubes, sectores, bancos y otras instituciones, participan del softbol chata rápida o modificada, y chata lenta en los eventos o torneos que programa la ASADINA (Asociación de Softbol del Distrito Nacional) la cual elabora su programa anual y contempla las diferentes fechas con los eventos y sus modalidades. La participación de las ligas en el torneo anual organizado se efectúa en los meses de septiembre y octubre, esta es una actividad que integra a la mayoría de los softbolistas del país y se celebra en el Centro Olímpico Juan Pablo Duarte y los plays de las diferentes ligas divididos en grupos, de donde se sacan 4 finalistas para ir a las finales por los 3 primeros lugares.

3.5. Softbol gubernamental República Dominicana

Para inicio de año se participa en la modalidad Máster, que es el softbol para mayores, donde juegan atletas de 45 años en adelante, y otra categoría de 55 años en adelante, cuyo evento se celebra casi simultáneamente. Para los meses de abril y mayo la ASADINA tiene en su programa el evento Softbol Gubernamental, donde participan todas las empresas del gobierno en 2 categorías: Categoría B, donde solo participan jugadores que no sean de nivel de selección del país, ex profesionales del béisbol y otros que están por encima del promedio.

Otra categoría incluida en este evento de las empresas del gobierno es la Categoría C, que limita el picheo a modo de globo, y aunque en el B se permiten ex peloteros profesionales de béisbol a 5 años de haber jugado profesional, en esta no se permiten de ninguna manera.

En los primeros juegos gubernamentales se inició con una Categoría A, donde se aceptaban todos los jugadores permitidos en los eventos de softbol de ligas, donde el picheo no tenía limitaciones, y posteriormente se sacó esa categoría limitándola a B y C, aunque estudiaban la posibilidad de incorporarla de nuevo. En los juegos de softbol gubernamental los reglamentos también incluyen o permiten 2 hijos de empleados o esposos de empleadas de la empresa participante, también en los reglamentos del año 2023 se contemplaba un refuerzo.

VII TORNEO GUBERNAMENTAL
CATEGORIA JUNIOR C
RONDA REGULAR

SABADO 20 DE MAYO 2023

JUEGO	GRUPO	ESTADIO	EQUIPO	VS	EQUIPO
1	I	CDEEE	ENERGIA Y MINAS	VS	HACIENDA
2	I	CDEEE	HACIENDA	VS	ENERGIA Y MINAS
3	II	CDEEE	BANRESERVAS	VS	ARS RESERVAS
4	II	CDEEE	ARS RESERVAS	VS	BANRESERVAS
5	II	UASD	BIENES NACIONALES	VS	UASD
6	II	UASD	UASD	VS	BIENES NACIONALES
7	I	UASD	SEPROI	VS	SENASA
8	I	UASD	SENASA	VS	SEPROI

LUNES 22 DE MAYO 2023

JUEGO	GRUPO	ESTADIO	EQUIPO	VS	EQUIPO
9	I	OLIMPICO 1	HACIENDA	VS	SEPROI
10	I	OLIMPICO 1	SEPROI	VS	HACIENDA
11	III	OLIMPICO 2	MESCYT	VS	CAMARA DE CUENTAS
12	III	OLIMPICO 2	GANADOR JUEGO 11	VS	ZONAS FRANCAS
13	III	OLIMPICO 2	PERDEDOR JUEGO 11	VS	ZONAS FRANCAS

MIERCOLES 24 DE MAYO 2023

JUEGO	GRUPO	ESTADIO	EQUIPO	VS	EQUIPO
14	III	UASD	ZONAS FRANCAS	VS	MESCYT
15	III	UASD	GANADOR JUEGO 14	VS	CAMARA DE CUENTAS
16	III	UASD	PERDEDOR JUEGO 14	VS	CAMARA DE CUENTAS
17	I	OLIMPICO 1	ENERGIA Y MINAS	VS	SENASA
18	I	OLIMPICO 1	SENASA	VS	ENERGIA Y MINAS

SABADO 27 DE MAYO 2023

JUEGO	GRUPO	ESTADIO	EQUIPO	VS	EQUIPO
19	II	UASD	ARS RESERVAS	VS	UASD
20	II	UASD	UASD	VS	ARS RESERVAS
21	II	UASD	BIENES NACIONALES	VS	BANRESERVAS
22	II	UASD	BANRESERVAS	VS	BIENES NACIONALES
23	III	OLIMPICO 1	ZONAS FRANCAS	VS	CAMARA DE CUENTAS
24	III	OLIMPICO 1	GANADOR JUEGO 23	VS	MESCYT
25	III	OLIMPICO 1	PERDEDOR JUEGO 23	VS	MESCYT
26	I	CDEEE	HACIENDA	VS	SENASA
27	I	CDEEE	SENASA	VS	HACIENDA
28	I	CDEEE	ENERGIA Y MINAS	VS	SEPROI
29	I	CDEEE	SEPROI	VS	ENERGIA Y MINAS

LUNES 29 DE MAYO 2023

JUEGO	GRUPO	ESTADIO	EQUIPO	VS	EQUIPO
30	II	OLIMPICO 1	UASD	VS	BANRESERVAS
31	II	OLIMPICO 1	BANRESERVAS	VS	UASD
32	II	OLIMPICO 2	BIENES NACIONALES	VS	ARS RESERVAS
33	II	OLIMPICO 2	ARS RESERVAS	VS	BIENES NACIONALES

Calendario Juegos Gubernamentales 2023, fuente: grupo whastapp de coordinadores equipos del cual soy parte.

Luego de estos juegos, en los meses de julio y agosto se celebran los torneos de equipos, que es la participación de los combinados que hacen intercambios como un equipo, no como liga, para estos eventos se utilizan las mismas reglas que se usan en el torneo de ligas del distrito, en algunos años se han dado premios en metálico y trofeos, algunas instituciones se involucran y gratifican los mejores lugares, podemos mencionar al Banco de Reservas, Banco BHD, y otros.

3.6. Softbol barrial República Dominicana

En algunas zonas del distrito los barrios son tomados en cuenta, y se convocan sectores como Luperón, La Ciénaga, Capotillo, Los Guandules, Simón Bolívar y otros barrios cercanos a celebrar torneos masculinos de softbol, un trabajo social comandado por dirigentes barriales y la Policía Nacional.

3.7. Clásicos de softbol República Dominicana

Existe un softbol de fin de semana en algunas fechas en que no hay programado eventos oficiales, para lo cual los organizadores invitan a los equipos y separan con tiempo sus fechas, estos eventos se celebran sábados y domingos, y se dan premios que sobrepasan el millón de pesos en algunas ocasiones, por los recursos entregados a los equipos finalistas y el pago y premio a jugadores individualmente.

Podemos mencionar eventos como:

CLÁSICO ARNULFO GUTIÉRREZ-SANTIAGO.

EMILIO GUAYABAL-SANTIAGO.

JULIO LUGO-SANTO DOMINGO-VILLA JUANA.

LA 95 NORTH-SANTO DOMINGO.

LEO SAJOMA-SANTIAGO.

Otros eventos son celebrados en diferentes lugares del país, donde jugadores se desplazan a participar y ganar recursos que les ayudan en sus necesidades.

3.8. Softbol en Estados Unidos

Asociación de Softbol Amateur (ASA),

Federación Internacional de Softbol (IFS)

SURGIMIENTO DE LA ASOCIACIÓN DE SOFTBOL AMATEUR (ASA). La Asociación de Softbol Amateur (ASA) es una organización sin fines de lucro con sede en Oklahoma City, fue fundada en 1933 y se ha convertido en la organización de softbol más fuerte del país. El ASA tiene muchas responsabilidades importantes como órgano rector nacional del softbol en los Estados Unidos, incluyendo la regulación de la competencia para asegurar la equidad y la igualdad de oportunidades a los millones de jugadores que actualmente juegan el deporte. El crecimiento y desarrollo de la asociación llevó al Comité Olímpico de Estados Unidos (USOC) para nombrar al ASA como el Consejo de Administración Nacional de Softbol, de conformidad con la Ley del Deporte Amateur de 1978. Cuando el ASA entró en escena al softbol en 1933, el deporte estaba en un estado de confusión, con ningún conjunto unificado de reglas de juego y ningún órgano nacional del gobierno para proporcionar orientación y estabilidad. El ASA cambió todo eso mediante la adopción de las primeras normas universalmente aceptadas en softbol, y la organización de la competencia justa y consistente en todo el país.

La Asociación de Softbol Amateur de América (ASA) fue fundada en 1933 y actualmente cuenta con aproximadamente 3 millones de miembros en todo los EE.UU. Pionera en la ubicación actual del 2801 NE 50th Street en Oklahoma City del ASA se produjo en 1969.

Establecimiento de la Federación Internacional de Softbol

La Federación Internacional de Softbol (ISF) es el organismo gobernante del Softbol Internacional, reconocido por el Comité Olímpico

Internacional (IOC) y Sport Accord (anteriormente la Asociación General de Federaciones Internacionales Deportivas). La ISF organiza y dirige Competencias de Campeonatos Mundiales de Softbol Masculino y Femenino en Lanzamiento Rápido, Lanzamiento Modificado, Lanzamiento Lento, en las categorías Amateur y Junior. La ISF sanciona Campeonatos Regionales, además de proveer soporte técnico a Juegos Regionales (multideportivos). Adicionalmente la ISF califica los equipos para la competencia de Softbol Olímpico en coordinación con el IOC, provee las reglas oficiales de juego para competencia internacional, incluyendo, pero no limitado a Juegos Olímpicos, Campeonatos Mundiales, Campeonatos Regionales y otras competencias sancionadas.

La ISF afilia a Federaciones Nacionales como miembros y conduce un Congreso bienal para sus afiliados. La ISF es una corporación sin fines de lucro constituida en los Estados Unidos de América. El softbol lento o chata modificada y otras modalidades diferentes al molinete en Estados Unidos, al igual que en la República Dominicana, han tenido un repunte por la gran cantidad de hispanos que lo están practicando, muchos ex peloteros profesionales que se están integrando a esta práctica.

Hay un softbol molinete femenino y masculino, pero es más a nivel universitario donde se pueden ver eventos de alto nivel, este softbol tiene sus trasmisiones televisivas y podemos encontrar partidos en cualquier canal deportivo de ese país. Existen eventos en el softbol lento de renombre en la comunidad hispana, como es la copa LA RAPIDITA celebrada todos los años en la ciudad de Lawrence, que antes se celebraba en los plays de Boston cercano al Farmuy Park, donde juega el equipo profesional de béisbol Red Sox, y luego fue trasladado a esa ciudad a 1 hora y 30 minutos al norte.

En New York, Philadelphia, Miami y otros estados, podemos encontrar eventos anuales de softbol lento donde se dan jugosos premios, y donde la comunidad hispana puede recrearse y ganar dinero jugando softbol.

(Ver Estudio de Investigación Softbol en Pandemia)

https://profesorvictorsoto.blogspot.com/2021/02/estudio-investigacion-cientifica.html

Japón

El softbol en el país nipón es una actividad que ha dejado marcas, en especial en los Juegos Olímpicos, donde tuvo 3 medallas de oro antes de que en el 2008 se sacara del olimpismo. Es notoria la práctica y el desarrollo de esta disciplina deportiva, manifestación de la educación física en ese país, por el resultado de sus equipos cuando se enfrenta a los países del continente americano.

Equipo de Softbol Femenino de Japón, ganador Juegos Olímpicos Beijing 2008

A medida que el softbol creció en los Estados Unidos y otros países, los asiáticos fueron introduciendo la práctica de este deporte con la ayuda de las organizaciones internacionales, las cuales, según hizo MLB (Mayor League Béisbol por sus siglas en inglés) de enviar técnicos a la enseñanza del béisbol a esos países, también estas organizaciones utilizaron la misma estrategia para hacer que ese deporte creciera en otras latitudes. El deporte, a diferencia de otras actividades, necesita expansión para los intercarmbios culturales y deportivos, y de paso la globalización de las economías en los diferentes continentes.

El equipo de softbol femenino de Japón se coronó campeón en los Juegos Olímpicos del 2008 celebrados en Beijing, cuando avanzaron al derrotar al equipo de Estados Unidos.

https://olympics.com/en/news/number-one-in-softball-the-day-japan-reached-the-top-of-the-world

Equipo de softbol japonés integrado por ex mafiosos y reintegrados a la sociedad vía la práctica de este deporte.

"TOKIO — En teoría, el Ryuyukai era el equipo más temible del softbol japonés. El club, una especie de sociedad de ayuda mutua para mafiosos retirados, acumula casi un siglo de condenas en prisión entre sus jugadores. El entrenador había sido un importante consejero de la mafia japonesa; el lanzador de relevo, quien salió al terreno de juego con zapatos color rosa intenso, alguna vez recibió la orden de asesinarlo".

https://www.nytimes.com/es/2023/02/12/espanol/japon-yakuzas.html.

China

Este país ocupa la posición número 9 en el ranking del softbol femenino internacional, y siempre aglutina excelentes equipos para su participación en juegos que los suben en esta clasificación cada año.

"China ocupa el puesto número 9 en el **Ranking Mundial de Softbol Femenino de la WBSC**".

https://www.wbsc.org/es/news/china-softball-leagues-historic-first-season-ends-in-shaoxing-as-zhejiang-wins-the-title

Equipo de softbol mixto China

Una gran cosecha de softbolistas para el futuro en China Taipei amenaza con desplazar las futuras posiciones de los países que iniciaron el softbol, y es que con las academias de softbol de niños en ese país están creciendo grandes talentos en el softbol masculino.

https://www.wbsc.org/es/news/chinese-taipei-win-back-to-back-u-12-softball-world-cup-titles

Equipo sub 12 China Taipei campeón copa mundial softbol 2021

Otros países asiáticos

Debido a la baja práctica del softbol en otros países del continente asiático, se tiene muy poca información de la práctica de este deporte, expresan los deportistas que de alguna manera han estado envueltos en competencias como es el béisbol. En Asia este deporte es practicado muy

poco y los que lo hacen es de manera privada, como pasa con el golf en
algunos países como el nuestro.

3.10. Softbol en otros países de América Latina

El softbol en Puerto Rico, Venezuela, Colombia, México, Panamá,
Países Bajos y otros, por la gran producción de beisbolistas que
posteriormente de su retiro o intento de llegar al profesionalismo siguen
la práctica de este pasatiempo como una forma de desentrenamiento o
recreación, está adquiriendo una magnitud de deporte casi profesional,
al punto de que hay eventos que sus organizadores están consiguiendo
patrocinio para el pago de incentivos monetarios para aquellos que
tengan las habilidades de sobresalir en cualquier evento organizado.
El softbol es practicado en América Latina desde la niñez en muchos
países, donde están preparando programas de desarrollo para que estos
nóveles logren objetivos tanto de estudios como de facilidades de empleo,
como entrenadores, jugadores, árbitros y otras actividades que se están
desarrollando en la práctica de ese juego.

3.11. Softbol provincias
y municipios República Dominicana

En la mayoría de las provincias de la República Dominicana existen
asociaciones que tienen bajo su dirección los eventos de las ligas de los
pueblos, que inicialmente empiezan como equipos y van creciendo con
el tiempo, hasta convertirse en ligas que dan oportunidad a muchos
deportistas a mantenerse en actividad. La mayoría de estos equipos en
los pueblos empiezan con un grupo de hombres maduros que luego de
haber militado como beisbolistas crean equipos para compartir con otros
sectores, que al igual que ellos se juntaron para jugar.

Muchas de estas ligas surgen de empresas que otorgan facilidades,
como bancos, cooperativas y multinacionales, a los empleados para que
hagan deportes, desde una cuota para la logística hasta el arrendamiento
de parques o plays para que estos jueguen. Otras son organizadas por

asociaciones, clubes, juntas de vecinos, alcaldías, etc., permitiendo que, a medida que la población avanza en edad, tenga otras opciones para seguir haciendo y viendo deportes populares como es el softbol y béisbol en la República Dominicana.

La mayoría de estas ligas se forman jugando el softbol de la bola lenta, ya que el softbol de la bola rápida es organizado por el Ministerio de Deportes, en coordinación con las asociaciones y federaciones de softbol de la capital y las provincias, para representar el país en eventos nacionales e internacionales, especialmente en la modalidad molinete. Debido a la carestía de las utilerías cada liga elabora un plan para cubrir los gastos de los encuentros que van desde bolas, bates, bases, arbitraje, agua, hielo, arrendamiento de play y otros, por lo que en la mayoría de estas existe una directiva que además de cobrar la cuota mensual elaboran reglamentos, programas y presupuestos anuales para sus eventos propios y donde son invitados.

Examen del capítulo fundamentos históricos (10 puntos)

Selección múltiple (1 punto c/u).

(Encierra, subraya o señala la respuesta correcta)

1- El softbol se inició en una:

a. Cancha de basquetbol.   *b. Pelea de boxeo.*
c. Serie de béisbol.

2- La organización que dirige el softbol en República Dominicana es:

a. ASADINA.   *b. MLB.*
c. LIDOM.

3-   El softbol apareció por primera vez en:

a. R.D.   *b. MLB.*
c. CHICAGO.

4-   ¿En qué fecha se formó la primera liga de softbol en Estados Unidos?

a. 1839   *b. 1900*
c. 1866

5-   *El softbol de alto rendimiento en República Dominicana se juega para:*

a. Eventos panamericanos,   *b. Eventos gubernamentales y de la*
centroamericanos y olímpicos.   *asociación de softbol.*
c. Desarrollar los talentos que van a
las ligas de los clubes.

6-   *El softbol estuvo fuera del programa olímpico por:*

a. 10 años.   *b. 22 años.*
c. 13 años.

7-   *El softbol gubernamental es para los empleados de:*

a. Empresas del gobierno.   *b. Empresas privadas.*
c. Universidades.

8-   *Los clásicos de softbol son eventos de una duración de:*

a. 12 meses.   *b. 1,2, o 3 días.*
c. 6 meses.

9-   *¿En qué evento de importancia participa el softbol universitario?*

a. Softbol universitario nacional.   *b. Softbol del distrito.*
c. Softbol interbarrial.

10-   *La asociación que rige el softbol en Estados Unidos es:*

a. ASA   *b. MLB*
c. NFL

Capítulo IV. Fundamentos técnicos en el juego de softbol

Palabras claves: Tacticas de juego, Bates de softbol, Corredor fantasma, Pisa y corre, Lanzamiento ilegal, Bola muerta, Toque de sacrificio, Anotación virtual.

4.1. Técnicas y estrategias en el softbol

Toque de sacrificio softbol rápido (molinete)

Un toque es una bola bateada sin movimiento de abanico, pero tocada intencionalmente con el bate y golpeada levemente dentro del cuadro ("infield").

Es una jugada ordenada por el manager con la finalidad de avanzar a un corredor a la posición anotadora.

Composición, peso y medida del bate de softbol

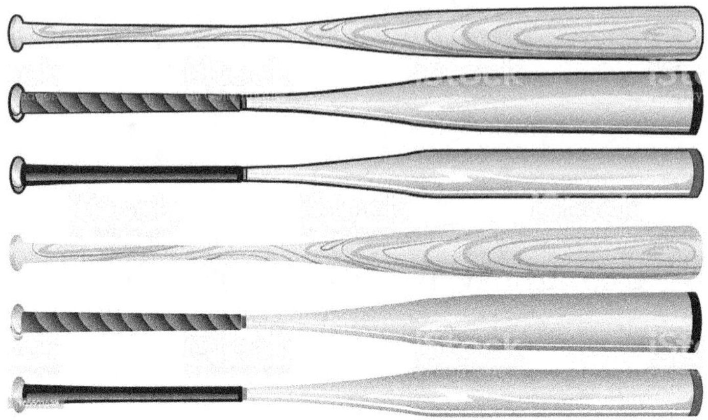

Bates de softbol madera y aluminio

Debe ser hecho de una pieza de madera dura, o formado de un bloque de madera compuesto de dos o más piezas de madera unidas entre sí con un pegamento, de tal forma que la dirección de la veta de todas las piezas sea paralela al largo del bate.

Será de metal, bambú, plástico, grafito, carbono, magnesio, fibra de vidrio, cerámica, o cualquier otro material compuesto aprobado por la Comisión de Estandarización de los Útiles del Juego de la FIS.

NOTA: Bates hechos de o conteniendo TIMETAL 15-3 o TELEDYNE 15-333 aleación de titanio, será temporalmente retenido su uso en juegos de campeonatos internacionales, hasta que más ensayos sean completados.

Puede ser laminado, pero deberá contener únicamente madera o pegamento y tener un acabado en barniz claro (si está barnizado).

Debe ser redondo y será liso.

No debe ser más largo de 86.4 cm. (34 pulgadas), ni exceder 1077.0 gr. (38 onzas) en peso.

No tendrá más de 5.7 cm. (2¼ pulgadas) de diámetro en su parte más gruesa; se permitirá una tolerancia de 0.80 mm. (1/32 pulgadas) para dejar espacio para la expansión.

El pisa y corre

El Pisa y Corre es una situación de juego en donde el bateador batea un elevados y el corredor avanza a la base próxima, esperando que el fildeador atrape de aire la bola, logrando el corredor alcanzar la base siguiente.

Formas o maneras que tiene el bateador para llegar a las bases

a)-En Softbol Lento (chata, modificado, bola muerta).:

Por hit, doble, triple, homerun, sencillo.

Por base por bolas, o por error.

Por jugada de selección o filder choice.

Por interferencia.

b-En Softbol Rápido (molinete, afueteado, etc.):

Por hit, doble, triple, homerun, sencillo.

Por pass ball.

Por wild pitch.

Por hit.

Por base por bolas.

Por error.

Por jugada de selección o filder choice.

Por debol (bateador golpeado con la pelota por el pitcher).

Por toque de bola (hit), o por interferencia.

Lanzamiento del lanzador decretado ilegal

Un lanzamiento es decretado ilegal cuando se cometa cualquier infracción sobre los siguientes casos:

El lanzador no debe hacer ningún movimiento de lanzar sin inmediatamente lanzar la bola al bateador.

El lanzador no debe usar un movimiento de lanzar en el cual, después de tener la bola en ambas manos en posición de lanzar, quita una mano de la bola, hace un movimiento hacia atrás y hacia adelante y regresa la bola a ambas manos en frente del cuerpo.

El lanzador no usará un movimiento para lanzar "wind up", en donde hay una pausa o retroceso del movimiento hacia delante.

El lanzador no debe hacer dos vueltas del brazo en el lanzamiento molinete (windmill). Sin embargo, puede dejar caer el brazo hacia el lado y hacia atrás, antes de comenzar el movimiento de molinete. Esto permite que el brazo pase dos veces por la cadera.

El lanzamiento debe ser un movimiento por debajo del brazo, con la mano debajo de la cadera y la muñeca no más apartada del cuerpo que el codo.

El soltar la bola seguido por el movimiento continuo de la mano y la muñeca debe ser hacia delante, pasando por la línea recta del cuerpo.

Ambos pies deben permanecer en contacto con la goma del lanzador en todo momento antes del paso hacia delante.

En el acto de lanzar la bola, el lanzador debe dar un paso simultáneo con el soltar de la bola. El paso debe ser hacia delante en dirección del bateador y dentro de la proyección hacia delante de la largura de 61.0 cm. (24") de la goma del lanzador.

NOTA: No es dar un paso si el lanzador desliza su pie a través de la goma del lanzador, con tal de que contacto sea mantenido con la goma del lanzador. Levantar el pie de pivote de la goma de lanzador y regresarlo a la goma creando un movimiento de arriba abajo, es un acto ilegal.

El pie pivote puede permanecer en contacto con, o puede impulsarse y arrastrarse de la goma del lanzador, antes de que el pie (no pivote) con el que el paso toque el suelo, con tal de que el pie pivote permanezca en contacto con el suelo.

Impulsarse con el pie pivote de un lugar a otro que no sea la goma del lanzador antes que el pie no pivote con el que se da el paso se haya quitado de la goma, esto es considerado como un "salto del cuervo" y es ilegal.

El lanzador no debe continuar con su movimiento de lanzar ("wind up") después de soltar la bola.

El lanzador no debe deliberadamente dejar caer la bola, rodar o rebotar la bola, para tratar de evitar que el bateador batee la bola.

El lanzador tiene 20 segundos para efectuar el siguiente lanzamiento después de recibir la bola, o después de que el árbitro indique "play ball".

NOTA: Se concederá una bola adicional al bateador.

La bola muerta

Una bola muerta es una que: toca cualquier objeto que no es parte de los útiles oficiales del juego o del área oficial del juego, o que toca a un jugador/persona que no está participando en el juego. Queda atascada en los implementos de un árbitro o en la vestimenta de un jugador ofensivo, o el árbitro ha declarado bola muerta.

La bola no está en juego y no es considerada en juego de nuevo hasta que el lanzador: esté sosteniendo la bola dentro del círculo del lanzador y el árbitro de "home" haya cantado "PLAY BALL".

Cuando traspasa la línea marcada como zona fear.

Juego oficial o juego legal

Un juego será decretado oficial o legal por el árbitro si se han jugado cinco o más entradas completas, o si el equipo segundo al bate ha anotado más carreras de las que ha anotado el otro equipo en cinco o más entradas. El árbitro está facultado para terminar un juego en cualquier momento debido a oscuridad, lluvia, fuego, pánico, u otra causa que pone en peligro a los espectadores o jugadores.

Bola bateada y da en el cuerpo de un corredor

La regla de oro en este caso es que, tantas veces una bola bateada golpea a un corredor, este corredor será declarado out.

Excepciones

Si una bola bateada golpea a un corredor mientras este está en contacto con una base, este corredor no será declarado out.

Si una bola bateada sin ser tocada ha pasado a un fildeador, excluyendo al lanzador, golpea a un corredor y a juicio del árbitro ningún fildeador tenía una oportunidad de sacar un out, ese corredor no será declarado out.

Si una bola bateada después de tocar o ser tocada por cualquier fildeador, incluyendo al lanzador, golpea a un corredor y el corredor no pudo evitar contacto con la bola, ese corredor no será declarado out.

El extra-inning, ¿cuándo y cómo se produce?

Se produce cuando un juego que está empatado al final de siete entradas debe ser continuado jugando entradas adicionales, o hasta que uno de los equipos anote más carreras que el otro al final de una entrada completa, o hasta que el equipo segundo al bate ha anotado más carreras en su mitad de la entrada, antes de que le hagan el tercer out.

Robo de base

Robo es el acto de un corredor que intenta avanzar durante un lanzamiento. En algunos países donde se juegue este deporte, el robo no es permitido en Lanzamiento Lento.

Las bases robadas son acreditadas a un corredor siempre y cuando avanza una base sin la ayuda de un hit, un out, un error, un out forzado, una jugada de selección ("fielder's choice"), un passball, un lanzamiento desviado ("wildpitch"), o un lanzamiento ilegal.

Cuando el corredor sale a segunda y el bateador recibe bases por bolas se le acredita el robo.

4.2. ABREVIATURAS UTILIZADAS EN LA HOJA DE ANOTACIÓN Y SUS SIGNIFICADOS

CA: Carrera Anotada.   **IL**: Innings Lanzados.

CI: Carrera Impulsada.   **OR**: Out Robando.

FC: Filder Choice = Jugada de Selección.

JG: Juegos Jugados.

JP: Juegos Perdidos.

JS: Juegos Salvados.

E: Error.

BB: Base por Bola.

H: Hit.

H2: Doble o Hit de dos bases.

H3: Triple o Hit de tres bases.

HR: Home Run.

ERA: Efectividad o Average del Pitcher.

AVE: Average.

K: Ponche Abanicado.

DB: Bolazo o Golpe del lanzador al bateador.

WAR: Victorias Admitidas sobre el Jugador Reemplazo.

SLG: Porcentaje de la sumatoria de bases alcanzadas entre los turnos oficiales.

Posiciones a la defensa- significado y sus números

(P) PITCHER O LANZADOR-NO.1

CATCHER O RECEPTOR-NO. 2

(IB) PRIMERA BASE-NO. 3

(2B) SEGUNDA BASE-NO. 4

(3B) TERCERA BASE-NO.5

(SS) SHORT STOP-NO. 6

(LF) LEFT FIELD-NO.7

(CF) CENTER FIELD-NO. 8

(RF) RIGTH FIELD-NO. 9

En la hoja de anotación aparece también la abreviatura BE=N° 10, que corresponde al bateador designado (DH); a veces se permiten jugadores extras, los cuales no pueden entrar a la defensa.

El triple play, una jugada difícil pero realizable

Una triple jugada es una jugada de acción continua por el equipo a la defensiva, en la que tres jugadores del equipo a la ofensiva son puestos fuera (out); triple play por la combinación 5-4-3 se refiere a que hay dos jugadores en base (1a base y 2a base), el jugador de tercera toma una bola bateada y hace out en 3a, le lanza la pelota al jugador de la segunda base y este pisa la 2a, luego este se la lanza al primera base que hace el out en la 1a base, para así terminar con la jugada y con la entrada.

Existen otras jugadas semejantes, como es el caso de 2 jugadores en bases sin out, y con una línea o elevados se desprenden de las bases y estos son puestos fuera junto con el bateador.

Evaluación del rendimiento mediante el promedio de bateo de un jugador

¿Cómo se calcula?

Para las estadísticas de ofensiva, es el número de hits conectados dividido por el número de turnos válidos al bate; los turnos validos son los oficiales, no cuentan los sacrificios, bolazos o hit by pich, o bases por bolas, pero sí cuando se embasa por error de la defensa.

En general, divide el total de hits por el total de turnos oficiales. Ejemplo: 25 hits en 75 turnos oficiales: 25/75=0,333.

4.3. Evaluación tipo test

EXAMEN DEL CAPÍTULO FUNDAMENTOS TÉCNICOS (10 PUNTOS)

Selección múltiple (1 punto c/u).

(Encierra, subraya o señala la respuesta correcta)

1- En softbol se permiten:

a. Bates de madera y aluminio.   b. Solo de aluminio.

c. Bates de madera solamente.

2- El bate en softbol no debe sobrepasar un largo de:

a. 34.5 cm.   b. 86.4 cm.

c. 75.00 cm.

3- La modalidad chata en softbol se refiere a:

a. Lanzamiento súper rápido.   b. Lanzamiento por encima del brazo.

c. Lanzamiento con poca velocidad.

4- En softbol el pitcher lanza por:

a. Encima del brazo.   b. Por debajo del brazo.

c. Lanzamiento lateral.

5- Un juego en softbol es decretado oficial por un árbitro si se han jugado:

   a. 3 entradas.   b. 5 entradas.

   c. 2 entradas.

6- Cuando la bola golpea a un corredor después de producirse un batazo, la jugada es decretada:

   a. Out al bateador y se queda el   b. El corredor vuelve a la base y
corredor en base.   bateador sigue bateando.

   c. Hit al bateador y out al corredor.

7- ¿Cuántas entradas se juegan en un juego de softbol organizado?

   a. 7 entradas.   b. 9 entradas.

   c. 4 entradas.

8- ¿A qué distancia está la loma o caja de lanzar en softbol?

   a. 62.5 pies.   b. 45 pies.

   c. 38.5 pies.

9- En softbol solo se permite virarse al lanzador a una base cuando:

   a. Hay una jugada de regla donde   b. Hay un corredor en base y está
amerite ese movimiento.   muy despegado.

   c. El corredor se va a robo de una
base.

10- En softbol se permiten pelotas:

   a. De un solo color.   b. De diferentes tamaños

   c. De diferentes colores.

Examen del capítulo

Define (15 puntos)

1. ¿Cuándo y en qué fecha se fundó el softbol?

____

____

____

2. Diga el peso y medida del bate de softbol.

____

____

____

3. ¿Qué es el toque de sacrificio softbol rápido?

____

____

____

4. ¿En qué consiste el pisa y corre?

____

____

____

5. ¿Cuántas formas o maneras tiene el bateador para embasarse?

____

____

____

6. ¿Cuándo un lanzamiento es decretado ilegal?

____

____

____

7. ¿Cuándo la bola queda muerta?

____

____

8. ¿Cuándo un juego es decretado juego legal?

____

____

9. Si una bola es bateada y da en el cuerpo de un corredor, ¿qué decreta el árbitro?

____

____

____

10. ¿Cuándo se produce el extra-inning?

____

____

11. ¿Cuándo y cómo sale el corredor a robo de base?

____

____

12. Diga las siguientes abreviaturas-significados: CA, CI, IL, OR, SA, FC, JG, JP, JS, E, BB, H, H2, H3, HR, ERA, AVE, K Y D.

13. Enumere las siguientes posiciones: P, LF, RF, C, SS, 2B, 3B, 1B, CF Y BE.Ejemplo: P = N°

14. ¿Qué entiende usted por triple play?

____

____

____

15. ¿Cómo se saca el promedio o average al bateador?

____

____

____

Tarea (20 puntos)

Organización de evento

Administrar un torneo de 6 equipos: la Serie Regular, un Todos contra Todos (Round Robin), clasifican 4 y luego se cruzan el no. 1 con el 4to, el 2do vs 3ro a una serie de un 3/2, los 2 ganadores se enfrentan en una Serie Final a un 7/4.

Debe crear los reglamentos de juego, el calendario y presupuesto.

Tarea de aprendizaje creativo utilizando estadísticas de nueva generación

Anotar juegos de béisbol entre 2 equipos en un evento señalado por el profesor, la hoja de anotación debe ser diseñada a mano con los lineups de los 2 equipos.

El estudiante debe investigar los nombres de cada jugador, puestos en la alineación del día de los equipos que verán acción en ese momento, debe estar antes de iniciar el partido para que pida la alineación o la busque en los informes de la liga, donde publican el calendario de juegos en FICHA.

Si es un evento de MLB buscar en la página ESPN, si es de LIDOM buscar sus alineaciones en las páginas de los equipos.

Luego de anotar este juego en vivo, deberán replicar la anotación en una aplicación en la web donde podrán obtener los resultados aplicando las estadísticas avanzadas o de nueva generación.

Luego de anotar el juego en la aplicación, como es *Iscore* u otra que usted prefiera, debe imprimir la hoja PDF enviándosela usted mismo a su correo.

Debe poner su nombre y apellido en ambos equipos, donde dice Dirigente, para que el profesor vea que es su anotación.

Nota: Hay aplicaciones como *Iscore* que no necesitan internet para anotar, después que usted termina el juego puede conectarse para generar el PDF.

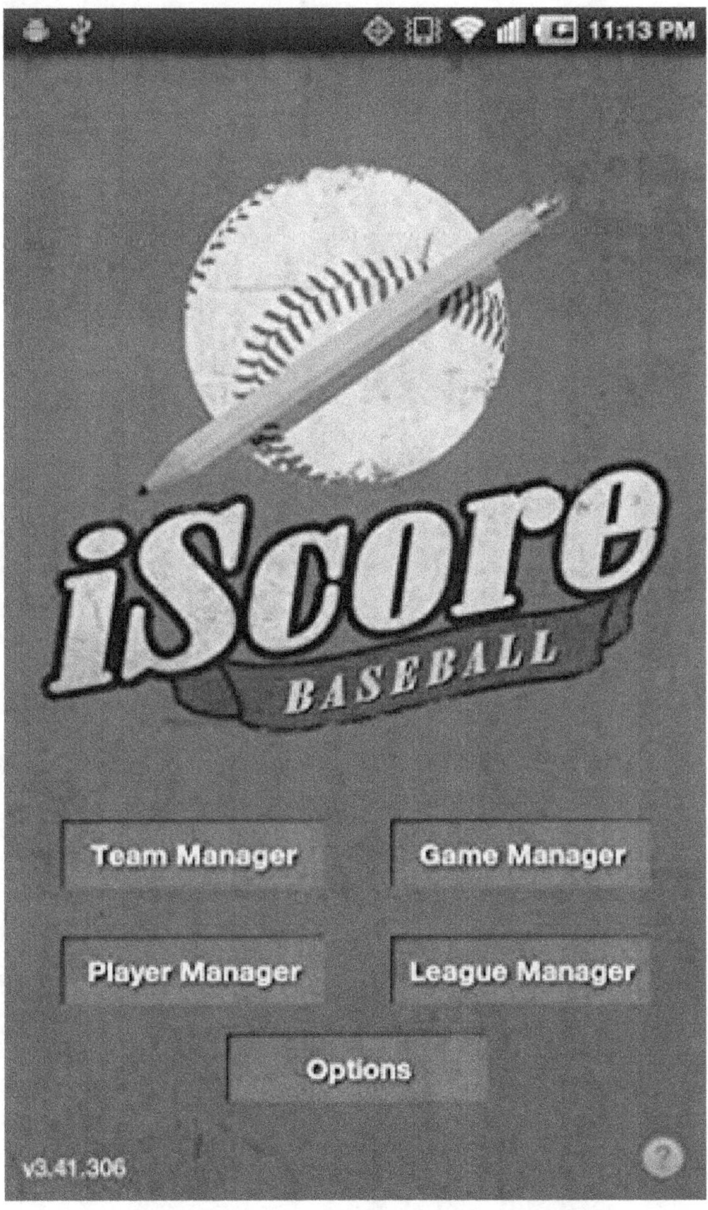

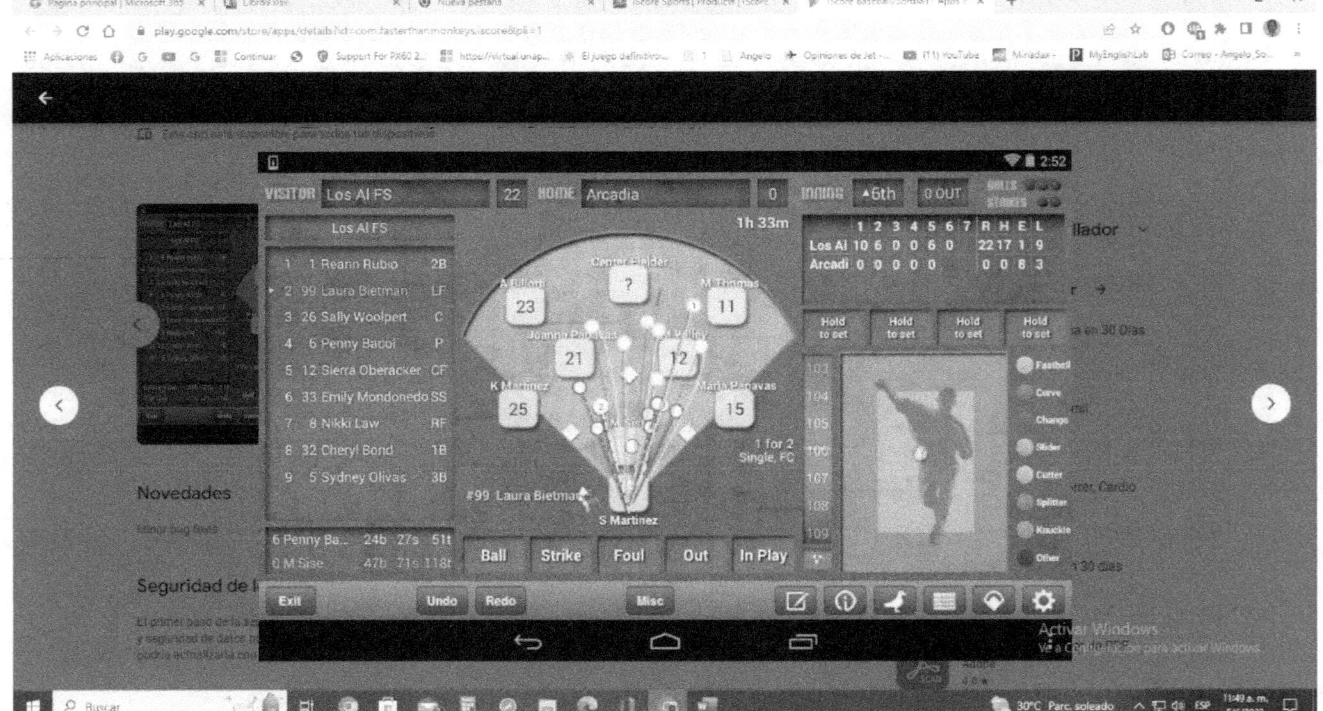

VISITOR Los Al FS 22 HOME Arcadia 0 INNING 6th 0 OUT
BALLS STRIKES
Los Al FS
1 1 Reann Rubio 2B
2 99 Laura Bietman LF
3 26 Sally Woolpert C
4 6 Penny Bacol P
5 12 Sierra Oberacker CF
6 33 Emily Mondonedo SS
7 8 Nikki Law RF
8 32 Cheryl Bond 1B
9 5 Sydney Olivas 3B
6 Penny Ba... 24b 27s 51t
0 M Sise 47b 71s 118t
1h 33m
1 2 3 4 5 6 7 R H E L
Los Al 10 6 0 0 6 0 22 17 1 9
Arcadi 0 0 0 0 0 0 8 3
Hold to set   Hold to set   Hold to set   Hold to set
Fastball
Curve
Change
Slider
Cutter
Splitter
Knuckle
Other
Novedades
Minor bug fixes
Seguridad de l
23   ?   11
21   12
25   15
1 for 2
Single, FC
#99 Laura Bietman
S Martinez
Ball   Strike   Foul   Out   In Play
Exit   Undo   Redo   Misc
Activar Windows
30°C Parc. soleado   ESP   11:49 a.m. 5/6/2023

Pos	Inn	1	1	2	3	4
6	1	AB2 SB2 1B AB2 1 2 3			P7	
5	1	WP3 SB3 1B AB4 1 3		E1 SB3 HBP AB4 1 2	5-3	
8	3					
2	1	AB5 SB4 BB AB6 1 2 3		AB4 SB4 BB AB4 1 5 6		AB5 AB4 AB7 2
5	2					
8	4					
1	1	SF7		OT4 1B E3 2		AB8 AB5 1
3	4					
4	1	5-3		PB7 E3 E3 AB7		2-3
8	2					
1	3					
-	1	AB7 SB7 E1 AB7 2 3		P5		AB7
6	2					
3	1	AB8 SB8 1B AB9 1 2		6-3		
5	3					
7	1	AB9 AB9		AB9		

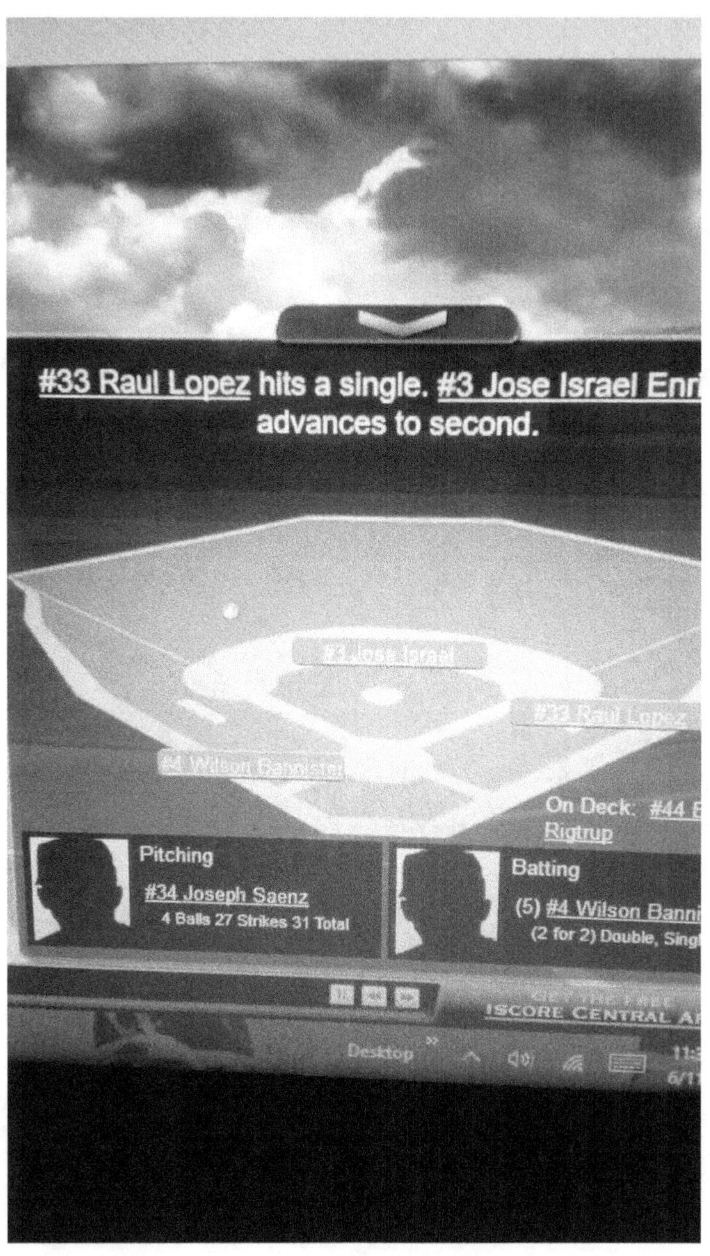
#33 Raul Lopez hits a single. #3 Jose Israel Enri
advances to second.
#3 Jose Israel
#33 Raul Lopez
#4 Wilson Bannister
On Deck: #44 B
Rigtrup
Pitching
#34 Joseph Saenz
4 Balls 27 Strikes 31 Total
Batting
(5) #4 Wilson Banni
(2 for 2) Double, Sing
ISCORE CENTRAL A
Desktop
11:
6/11

Capítulo V. Referencias bibliográficas

A-LIBROS SOBRE BÉISBOL Y SOFTBOL:

1- Rafael Víctor Andújar Martínez Y Rafael Soto

Baní. Fábrica de peloteros, 1961.

2- Héctor J. Cruz.

Los primeros 50 dominicanos en Grandes Ligas, 1956.

3- Mario Emilio Guerrero.

Yo, Virgil. Mi historia. Su carrera en Estados Unidos.

4- Félix García Estrella.

Enciclopedia total del béisbol invernal dominicano.

5- César Mejía Pérez.

El arte de lanzar.

6- Radhamés Ramos.

Hacer un pelotero. Un negocio millonario, pero con muchos riesgos.

7- John Marcelo.

La tormenta de los esteroides. Un problema de Grandes Ligas.

8- Carlos Pérez Guante.

Macorisanos al bate/ Macorisanos at bat.

9- Orlando Alba.

Lengua y béisbol en la República Dominicana.

10- Jorgeinoa, Héctor J. Cruz, Jorge Iván Ramírez.

Béisbol en República Dominicana, crónica de una pasión. Santo Domingo R.D., ediciones 2004,2012.

11- Luis Manuel Fernández.

Conocer el deporte. Béisbol, Madrid, España, 2004.

B-REFERENCIAS GOOGLE ACADÉMICO:

1- Desarrollo de talentos para el béisbol

Álvarez-Castillo, F., Gainza-Álvarez, E., & Jiménez-Callis, J. A. (2022). El desarrollo de talentos para el béisbol en Cuba: una exigencia necesaria en la contemporaneidad. Arrancada, 22(41), 174-195.

2-Importancia de la lateralidad en la selección de bateadores ambidiestros en el béisbol

Quintana-Rodríguez, R., Díaz-Delgado, L. A., & Martìn-Àlvarez, C. (2019). Importancia de la lateralidad en la selección de bateadores ambidiestros en el béisbol. Acción, 15.

3- Desarrollo talento receptores en béisbol

Sutton-Portuondo, R., & Román-Hernández, Á. L. La selección de talentos en el área de los receptores del Béisbol The selection of talents for Baseball Catchers.

4- La formación del activista voluntario deportivo para la selección de talentos a través del profesional de cultura física.

Portelles, J. M. S., Hidalgo, L. D. C. S., & Portelles, C. S. (2017). La formación del activista voluntario deportivo para la selección de talentos a través del profesional de Cultura Física (Original). Olimpia: Publicación científica de la facultad de cultura física de la Universidad de Granma, 14(44), 212-223.

5- Identificación de posibles talentos en el béisbol: perspectivas desde el proceso de enseñanza aprendizaje con una visión socio constructiva.

Cudeiro-González, O., Trejo-del Pino, F. C., & Zamora-Castro, R. (2019). Identificación de posibles talentos en el béisbol: Perspectivas desde el proceso de enseñanza-aprendizaje con una visión socio constructiva. Maestro y Sociedad, 16(4), 849-865.

6-Ramón Peña: scout con más peloteros firmados en grandes ligas nos cuenta sus vivencias

https://www.youtube.com/watch?v=CzjZK iJ jTyY&a b_ channel=AbriendoelJuego.

7- Acciones para perfeccionar la dirección de equipos de béisbol infantil.

Jiménez, E. R., Gutiérrez, R. D., Santos, S. G., & Caballero, R. M. (2019). Acciones para perfeccionar la dirección de equipos de Béisbol infantil. Ciencia y Actividad Física, 6(1), 1-14.

8- La sabermetría en función de la ofensiva del equipo holguín en la lvi serie nacional de béisbol.

Cuba, P. LA SABERMETRÍA EN FUNCIÓN DE LA OFENSIVA DEL EQUIPO HOLGUÍN EN LA LVI SERIE NACIONAL DE BÉISBOL.THE SABERMETRÍA IN TERMS OF THE TEAM'S OFFENSIVE HOLGUÍN IN THE LVI NATIONAL BASEBALL SERIES.

9- El dispositivo de la mlb con el que pretende sustituir las señas de manos entre jugadores.

https://www.itmastersmag.com/noticias-analisis/el-dispositivo-de-la-mlb-con-el-que-pretende-sustituir-las-senas-de-manos-entre-jugadores/.

10- Programa de superación profesional para entrenadores de béisbol que laboran en la iniciación deportiva.

Rodríguez, A. E. M., Fernández, F. Á., & Arcia, S. E. L. (2021). Programa de superación profesional para entrenadores de béisbol que laboran en la iniciación deportiva. Revista Cognosis. ISSN 2588-0578, 6(4), 93-110.

11- Sistematización de la experiencia de la práctica pedagógica desde el desarrollo del gesto técnico de la carrera en jugadores de béisbol categoría sub 10.

Martínez Beltrán, A. X. (2020). Sistematización de la experiencia de la práctica pedagógica desde el desarrollo del gesto técnico de la carrera en jugadores de béisbol categoría sub 10 (Doctoral dissertation, Corporación Universitaria Minuto de Dios).

12- Estudio antropométrico del jugador de béisbol de nivel europeo.

Clavijo Redondo, A. R. (2020). Estudio antropométrico del jugador de béisbol de nivel europeo.

13- "El béisbol infantil, la iniciación, cambios constantes que deben ser adaptados a su entrenamiento".

Delgadillo, J. C. S. Manual para el Entrenador de Béisbol.

14- Predicción de resultados de béisbol mediante técnicas de inteligencia artificial.

Basabe López, J. (2021). Predicción de resultados de béisbol mediante técnicas de inteligencia artificial.

15- Análisis multifactorial de las lesiones en lanzadores de béisbol en una serie nacional en cuba.

Cruz, I. C., Piñeiro, J. G., Leiva, A. U., & Vizcaíno, Z. Z. C. (2022). Análisis multifactorial de las lesiones en lanzadores de Béisbol en una serie nacional en Cuba. Ciencia y Actividad Física, 9 (progreso), 59-68.

16- Entrenamiento en suspensión: una experiencia para el desarrollo de la fuerza en lanzadores de béisbol.

González, J. L. F., Rivera, L. N., & Sánchez, L. P. (2017). Entrenamiento en suspensión: Una experiencia para el desarrollo de la fuerza en lanzadores de béisbol. Revista Internacional de Deportes Colectivos, (30), 29-39.

17- **Programa de superación profesional para entrenadores de béisbol que laboran en la iniciación deportiva.**

Rodríguez, A. E. M., Fernández, F. Á., & Arcia, S. E. L. (2021). Programa de superación profesional para entrenadores de béisbol que laboran en la iniciación deportiva. Revista Cognosis. ISSN 2588-0578, 6(4), 93-110.

18 **Estudio antropométrico del jugador de béisbol de nivel europeo.**

Clavijo Redondo, A. R. (2020). Estudio antropométrico del jugador de béisbol de nivel europeo.

19- **"El béisbol infantil, la iniciación, cambios constantes que deben ser adaptados a su entrenamiento".**

Delgadillo, J. C. S. Manual para el Entrenador de Béisbol. Predicción de resultados de béisbol mediante técnicas de inteligencia artificial.

Basabe López, J. (2021). Predicción de resultados de béisbol mediante técnicas de inteligencia artificial.

C-PÁGINAS VIRTUALES:

1- **Estrategia metodológica para la evaluación de los jugadores de cuadro del béisbol.**

https://www.efdeportes.com/efdeportes/index.php/EFDeportes/article/download/1300/1297?inline=1.

2- **Estudio de investigación científica deportes en pandemia estados unidos (jugadores de softbol) 2020.**

https://profesorvictorsoto.blogspot.com/2021/02/estudio-investigacion-cientifica.html.

**3-Material de soporte béisbol 2 para plataforma virtual universidad
autónoma de santo domingo (uasd) por unidades ma. Víctor soto 2021.**

https://profesorvictorsoto.blogspot.com/2020/10/material-béisbol-2-
plataforma-uasd.html.

**4-Material de soporte béisbol para plataforma virtual universidad
autónoma de santo domingo (uasd) por unidades ma. Víctor Soto 2021.**

https://profesorvictorsoto.blogspot.com/2020/10/material-de-béisbol-1-
plataforma.html.

Paginas webs:

*1-https://www.ministeriodeeducacion.gob.do/docs/direccion-general-de-
curriculo/RtcE-diseno-curricular-del-nivel-secundario-primer-ciclopdf.pdf*

2-**http://es.wikipedia.org/wiki/S%C3%B3ftbol**

3-http://www.taringa.net/-Historia_fundamentos_reglas_capacidades_
musculos-.htmlhttp://html.rincondelvago.com/softball.html.

4-https://www.espn.com.ar/beisbol/nota/_/id/13042561/quien-proximo-
jugador-500-millones-mlb. Enrique Rojas, ESPN Digital.29 de dic, 2023.

Capítulo VI. Anexos

EVALUACIÓN GENERAL

Examen final-teoría	65 puntos
Evaluación-práctica	35 puntos= 100

Pruebas

Selecciona la respuesta correcta	35 puntos
Define	10 puntos
Práctica aplicación vida real	20 puntos.
Evaluación de la práctica	35 puntos=100

https://milb.bamcontent.com/documents/6/3/0/269726630/ REGLAS_OFICIALES_2018.pdf

Selecciona la respuesta correcta, encierra, subraya o táchala.

1-El Béisbol es un juego entre dos equipos de nueve jugadores cada uno, bajo la dirección de un mánager, jugándose en un campo cerrado de acuerdo con estas Reglas, bajo la instrucción de un umpire o umpires.

Este es el enunciado de la regla No.:

a) 1.02   b) 1.03

c) 1.01   d) Ninguna de las anteriores.

2-Un campo de juego construido después del 1°. de junio de 1958, deberá tener una distancia mínima de 325 pies de la base del home a la barda, tribuna, gradería o cualquier otra construcción más cercana en las líneas de foul de los jardines izquierdo y derecho, y una distancia mínima de 400 pies a la barda, gradería, tribuna u otra construcción en el jardín central, esta nota aparece en la regla No.:

a) 1.02   b) 1.04

c) 1.10   d) Ninguna de las anteriores

3-Las reglas del material estudiado son del año:

a) 2018-2022   b) 2020-2023

c) 2012-2015.   d) Ninguna de las anteriores.

4- Las reglas del material son de:

    a) Baloncesto   b) Softbol

    c) Volibol.   d) Ninguna de las anteriores.

5- El siguiente enunciado está en la regla No.:

Si el calendario de una Liga de la National Association tiene 140 para cada equipo, se requieren 378 apariciones en el home plate (140 veces por 2.7 es igual a 378). Califica para el campeonato de bateo, de slugging. Las fracciones de apariciones al home plate deberán ser redondeadas hacia arriba o hacia abajo al número más entero cercano. Por ejemplo, 162 por 3.1 es igual a 502.2, el cual se redondea hacia abajo al requisito de 5.02.

    a) Regla 7.08   b) Regla 11.11

    c) Regla 10.22   d) Ninguna de las anteriores.

6- Determinando los récords de porcentaje está en la regla No.:

    a) 5.02   b) 10.21

    c) 3.01   d) Ninguna de las anteriores.

7- ESTADÍSTICAS, se encuentra en la regla No.:

    a) 1.02   b) 10.20

    c) 1.05   d) Ninguna de las anteriores.

8- juegos salvados para pitchers relevistas, se encuentra en la regla No.:

    a) 10.19   b) 3.02

    c) 2.01   d) Ninguna de las anteriores.

9-BLANQUEADAS, se encuentra reglamentada en la regla No.:

a) 1.08

b) 1.04

c) 10.18

d) Ninguna de las anteriores.

10- Habla sobre la decisión de a quién acreditarle juego ganado cuando el lanzador actúa como relevista, la regla No.:

a) Regla 10.11

b) Regla 1.10

c) Regla 10.17

d) Ninguna de las anteriores.

11- Regla 10.17 PITCHERS GANADORES Y PERDEDORES, seleccione el enunciado que corresponde a esta:

a) El anotador oficial deberá acreditar como pitcher ganadora aquel pitcher cuyo equipo pierde el juego después de estar ganando.

b) El anotador oficial deberá acreditar como pitcher ganadora aquel pitcher cuyo equipo asume la delantera mientras ese pitcher está en el juego.

c) El anotador oficial deberá acreditar como pitcher ganador a aquel pitcher que entró como relevo y tuvo mejor efectividad.

d) Ninguna de las anteriores.

12- El siguiente enunciado es de la regla No.:

El anotador oficial cargará una carrera limpia cada vez que un corredor llegue a home, con ayuda de hits, toques de sacrificio, elevado de sacrificio, bases robadas, outs realizados, fielder's choices, bases por bolas, bateadores golpeados, balks o wild pitches.

a) 4.05

b) 7.06

c) Regla 10.16

d) Ninguna de las anteriores.

13- BASES POR BOLAS, está consignada a la regla No.:

a) 10.14   b) 1.07

c) 3.04

14- ERRORES, está reglamentado en la regla No.:

a) 11.02   b) 8.04

c) 10.12   d) Ninguna de las anteriores.

*15- Regla 10.09 OUTS REALIZADOS, señale cuál de los siguientes
enunciados pertenece a esta regla:*

a) Un "out" realizado es una estadística que se acredita a un fildeador cuya
acción causa que un bateador-corredor, o corredor, sea puesto "out.".

b) Un "out" realizado es una estadística que se acredita a un bateador
cuando falla.

c) Un "out" realizado es una acción por parte de la defensa para poner
fuera a un jugador contrario en un juego de béisbol.

16- SACRIFICIOS, se encuentra en la regla No.:

a) 4.03   b) 10.08

c) 9.02   d) Ninguna de las anteriores.

*17- CÓMO DETERMINAR EL VALOR DE LOS HITS, se encuentra en la
regla No.:*

a) 10.06   b) 11.07

c) 1.09   d) Ninguna de las anteriores.

18- INFORME DEL ANOTADOR OFICIAL, se enuncia en la regla No.:

a) 5.02   b) 10.07

c) 11.02   d) Ninguna de las anteriores.

19- Este enunciado está en la regla No.:

El pitcher no deberá: Tocar la bola luego de tocar su boca o sus labios mientras esté en el círculo de 18 pies que rodea la placa de pitcheo, o tocar su boca o sus labios mientras está en contacto la placa de pitcheo. El pitcher deberá secarse claramente los dedos de su mano de lanzar antes de tocar la bola o hacer contacto con la placa de pitcheo.

a) 8.02   b) 3.02

c) 5.06   d) Ninguna de las anteriores.

20- El siguiente enunciado está expreso en la regla No.:

Un corredor adquiere el derecho a una base desocupada cuando la toca antes de ser puesto "out". El corredor entonces tiene derecho a esa base hasta que sea puesto "out", o forzado a dejarla para otro corredor con derecho legal a esa base.

a) 10.02   b) 3.05

c) 7.01   d) Ninguna de las anteriores.

Evaluación: = /100/

BÉISBOL-FUNDAMENTOS TÉCNICOS Y TEÓRICOS. (5
PUNTOS CADA UNA), 20 PUNTOS

1-Al movimiento ilegal del lanzador durante su desempeño se le llama:

a) For feit.

b) Safe.

c) Balk.

d) Ninguna.

2-Bambinazo expresión en honor a:

a) El Bambino del Caribe Samy
Sosa.

b) El Bambino Babe Ruth.

c) El Big Papi David Ortiz.

d) Ninguna.

3- Base por bolas intencional:

a) Se envía el corredor a primera
base.

b) Se elimina un corredor en
segunda.

c) Jugada para mover corredor por
parte del bateador.

d) Ninguna.

4- Wild pitch significa:

a) Golpe al bateador por el
lanzador.

b) Base robada del corredor.

c) Lanzamiento desviado del
lanzador.

d) Ninguna.

5- Fort feit significa:

a) movimiento ilegal del lanzador.

b) Confiscación del juego por
incumplimiento del reglamento.

c) Expulsión del mánager por
ofender al árbitro.

d) Ninguna.

6-*Es un pelotero designado por el mánager para que tome el turno al bate del pitcher:*

a) Bateador emergente.

b) Bateador ambidiestro.

c) Bateador designado.

d) Ninguna.

7-*Es el sumario de un juego en términos estadísticos, donde se publican los resultados de un partido de béisbol :*

a) Lineup.

b) Box score.

c) Schedulle.

d) Ninguna.

8-*Es cuando un corredor o bateador es puesto fuera:*

a) out.

b) safe.

c) strike.

d) Ninguna.

9-*Bullpen es:*

a) Donde los lanzadores calientan su brazo.

b) El lugar donde se pone el coach para dirigir corredores.

c) Lugar donde se para el bateador a batear.

d) Ninguna.

10-*Es el significado de Árbitro en español:*

a) Try out.

b) Strike.

c) Death ball.

d) Ninguna.

11- En la biografía de los jugadores de béisbol aparece:

a) Sus hazañas durante su niñez en deportes.

b) Datos personales y equipos con los que participa o participó.

c) El nombre de sus familias y los entrenadores que tuvo antes de ser profesional.

d) Ninguna.

12- LIDOM significa:

a) Liga Dominicana de dominó.	b) Liga Dominicana de Béisbol.
c) Liga Municipal Dominicana.	d) Ninguna.

13- La LIDOM se fundó en:

a) 1951.	b) 1907.
c) 1880.	d) Ninguna.

14- La LIDOM está compuesta por:

a) 7 equipos de béisbol.	b) 6 equipos de béisbol.
c) 4 equipos de béisbol	d) Ninguna.

15- El primer presidente de la LIDOM fue:

a) Monchín Pichardo.	b) Hipólito Mejía.
c) Hipólito Herrera Billini.	d) Ninguna.

16- *La LIDOM tiene su sede en:*

a) San Pedro de Macorís.   b) Santo Domingo.
c) Santiago.   d) Ninguna.

17- *La LIDOM participa en la serie:*

a) Universitaria.   b) Liga Japón.
c) MLB.   d) Ninguna.

18- *Cuando un bateador corre todas las bases con un batazo en el idioma inglés se dice:*

a) Left field.   b) Home run.
c) Hit by pitch.   d) Ninguna.

19- *A los jardines en inglés les dicen:*

a) field.   b) short.
c) catch.   d) Ninguna.

20- *Un game es:*

a) Un batazo.   b) Un guante.
c) Un torneo.   d) Ninguna.

	LINE – UP	POS	1	2	3	4	5	6	7	8	9	VB	H	C	BB
1															
2															
3															
4															
5															
6															
7															
8															
9															
10															

TOTALES

EQUIPO	1	2	3	4	5	6	7	8	9		C	H	E

EQUIPO _______________________ ANOTADOR _______________________

	LINE – UP	POS	1	2	3	4	5	6	7	8	9	VB	H	C	BB
1															
2															
3															
4															
5															
6															
7															
8															
9															
10															

LANZADORES	IP	C	CL	K	BB	BG	H	ONSERVACIONES

MEJORES BATEADORES POR GANADORES	VB	H

MEJORES BATEADORES POR PERDEDORES	VB	H

ALINEACION

Nivel Secundario-Área: Educación Física Grado: 2do

-Béisbol/Softbol: Historia del béisbol/softbol (internacional, nacional y local), reglas elementales, posiciones fundamentales, bateo, lanzamientos, fildeo, corridas de base, infielder y outfielder.

Procedimientos Capacidades Físicas:

- Realización de ejercicios en circuito con una duración media en cada estación de trabajo (con una pausa menor al tiempo de trabajo realizado en las estaciones y con una pausa mayor entre un circuito y otro), donde se trabaje fuerza rápida, velocidad de reacción, traslación y gestual.

- Ejecución de ejercicios de flexibilidad de forma activa y pasiva.

- Realización de ejercicios variados combinando saltos, giros y desplazamientos, incluyendo variación del centro de gravedad, cambio de velocidad, de dirección y sentido.

- Realización de ejercicios con disminución de la base de sustentación y variación de la altura, en diferentes planos y niveles, en forma estática y dinámica.

- Ejecución de ejercicios de orientación espacial a partir de su ubicación en torno a objetos, lugares, puntos cardinales, con y sin instrumentos (mapas, brújulas, GPS, entre otros recursos tecnológicos), en diferentes planos y niveles.

- Reconocimiento de hechos y personajes relacionados con el béisbol/softbol en el ámbito internacional, nacional y local.

- Manejo de los elementos básicos del reglamento de béisbol/softbol.

- Ejecución de las acciones defensivas de los infielders y outfielders (fildeo y tiro).

- Ejecución de la mecánica de lanzador de frente y de lado.

- Ejecución de los fundamentos básicos de bateo en diferentes situaciones de juego.

- Ejecución de corrido de las bases

Indicadores de logro

- Fildea batazos de rodados y de elevados en el infielder y outfielder.

- Reconoce elementos en común y diferencias entre béisbol y softbol.

- Identifica la colocación de los jugadores según su posición en el juego.

- Ejecuta correctamente la mecánica de bateo (agarre del bate, postura y ejecución del swing) durante situaciones de juego.

- Batea lanzamientos con diferentes localizaciones, siendo efectivo al poner la pelota en juego.

- Corre las bases atendiendo a la situación del juego (outs, compañeros en base, marcador, entre otros).

- Realiza tiros con precisión a diferentes distancias.

- Realiza con precisión lanzamientos en recta a distancia reducida entre el box y el home plate.

TERRENO DE SOFTBALL Y MEDIDAS:

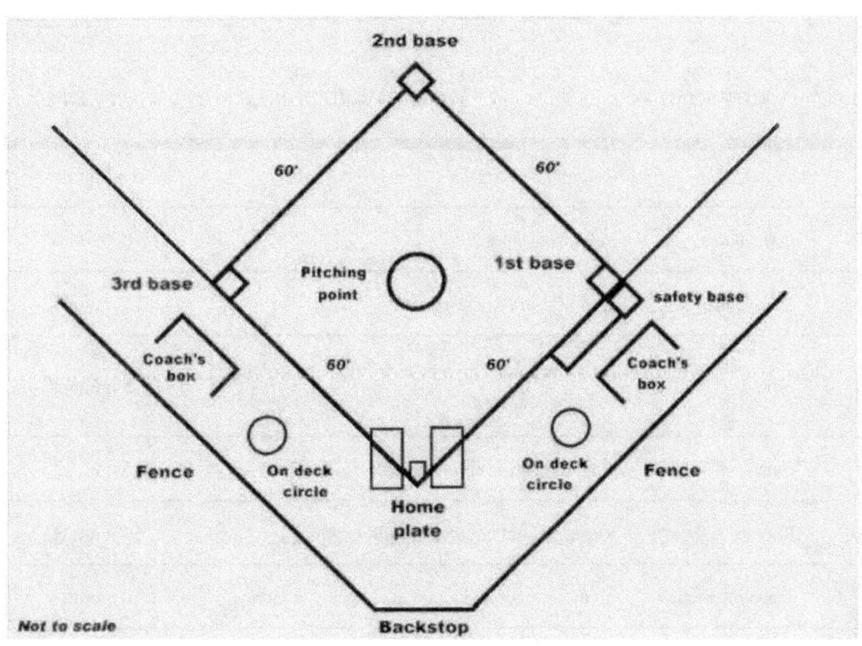

PROGRAMA O PLANIfICACIÓN PARA UNA PRÁCTICA DE BÉISBOL, JUGADORES DE 13 A 16 AÑOS, INCLUYE JUEGO INTERACTIVO:

NO.	ACTIVIDAD	OBJETIVOS	TIEMPO
1-	Trotar	Calentar piernas	5 minutos
2-	Estrecharse	Soltar músculos	10 minutos
3-	Soltar brazo	Habilitar brazo para tiro	10 minutos
4-	Infield	Practicar en cada posición-tiro-lanzamiento-rodados, etc.	15 minutos
5-	Bateo	Coger la forma en el contacto	15 minutos
6-	Receso	Recuperación energías e hidratación	10 minutos
7-	Juego interactivo	Evaluar mediante juego la técnica y la táctica	40 minutos
8-	Correr las bases	Practicar velocidad y aprender a pisar las bases	10 minutos
9-	Cierre	Charla corrección errores y rutina próxima actividad	5 minutos
		TOTAL	120 minutos

Selección nacional béisbol doble A Republica Dominicana,s/f.

BABY RUTH

Cesar Almanzar

Dirigentes, propulsores y quipos softbol destacados en USA

José Pérez(Negro Lindo RD) ., Emilio Guayabal, (New York), Roberto Kenedy y Pichichi (Florida)

Emilio Guayabal y Galon la Tiza- programa semanal de softbol

Team MAC campeón copa los sureños Florida 2024

TWINGS, LA FAMILIA Y LOS GIGANTES SOFTBOL "LA RAPIDITA 2023" LAWRENCE MA. BOSTON Y LA NORTHERN ESSEX COMMUNITY COLLEGE (NECC).

BIOGRAFIA SOBRE EL AUTOR

Víctor Lorenzo Soto Encarnación es autor de varios libros e investigador científico, a la fecha ha escrito 4 libros de los cuales se han publicado 2 el primero sobre Administración, Contabilidad y Fiscalización de empresas Cooperativas en el 2011 por la editora Nuevo Diario y la primera edición de Beisbol y Softbol en la editora Santuario 2023 y 2 por publicar sobre sociedad y deportes, es catedrático de la Universidad Autónoma de Santo Domingo-UASD en las cátedras de Beisbol y Educación Física miembro del equipo de asesores y jurados de tesis de grado y magister de la misma con maestría en el área, editor de contenido de la plataforma virtual de la Escuela de Educación Física y Ciencias del Deporte de la uasd y de la Universidad Atlántico Norte Barcelona.

Sus experiencias para investigar y escribir las adquiere de más 40 años como empleado y asesor en contabilidad, fiscalización y administración cooperativas y afines, deportista activo en beisbol viejas glorias de RD, lanzador de softbol nacional e internacional en las modalidades chata A,B Y C, en Estados Unidos y RD. Profesor de béisbol de la carrera Licenciatura en Educación Física y Ciencias del Deporte de la Universidad Autónoma de Santo Domingo-UASD.

Nació en San José de Ocoa Rep. Dominicana, casado con Milenis Roa padre de 4 hijos Ángelo, Rancier; Loren y Mily, hijo de Andrés Mélido Soto (fallecido) y Martina Encarnación, a la edad de 12 años trabajó en un colmado librería en la capital durante 2 años donde aprovechó para hacer el 7mo. y 8vo. curso en el Colegio Domingo Sabio, luego se mudó de nuevo a San José de Ocoa donde terminó el bachillerato en Física y Matemáticas. De nuevo en la capital en 1982 ingresó becado en la Universidad Pedro Henríquez Ureña UNPHU a cursar la carrera de Cooperativismo la cual culminó debido una beca que se ganó en béisbol ya que los recursos destinados a cubrir sus estudios provenientes de organizaciones internacionales para la enseñanza del cooperativismo nunca llegaron.

Además de béisbol logró conformar el equipo de atletismo de la UNPHU dónde en su debut logró medalla de plata en la competencia de 1,800 metros planos, también fue seleccionado por el dirigente del equipo de softbol logrando mantener su beca para seguir estudiando otras carreras y cursos complementarios como informática, negocios, proyectos y otros. En el 1988 fué refuerzo en los juegos universitarios internacionales de la Universidad Autónoma de Santo Domingo-UASD y luego de su actuación subido al equipo superior doble AA de esta academia donde logró hazañas en los enfrentamientos entre las fuerzas armadas y la universidad instituciones que a esa fecha se enfrentaban a diario por las huelgas en el campo universitario.

Cuando terminó sus estudios en la Universidad Pedro Henríquez Ureña-UNPHU fué nombrado profesor de educación física en 1990 luego de ganar medalla de plata en Guatemala en los juegos universitarios y haber lanzado 13 entradas sin hit en rol de relevo a los militares fue nombrado como monitor docente en la Universidad Autónoma de Santo Domingo-UASD dónde compartía esa actividad con las posiciones de gerente y auditor de empresas cooperativas en el día y ayudante de profesor en las tardes.

Querido lector:
Si leíste mi libro sea vía virtual o físico te agradezco grandemente tu interés por escudriñar lo que durante años he ido acumulando en mis archivos para dar a conocer mis conocimientos adquiridos a la fecha los cuales podrán servir para motivarte a ti y a los que quieras introducir en el deporte y las buenas prácticas académicas.
Durante la vida podemos hacer y crear grandes cosas, pero si no dejamos evidencia nadie podrá saberlo ni tener una base para engrandecerlo, escribe tus historias y creaciones y trata de ir actualizando ese tesoro que con el tiempo se borrará si lo guardas solo en tu memoria……MA. Victor Soto.E.